# EL HOMBRE
## MÁS RICO DEL MUNDO

Dirección editorial: Marcela Luza
Edición: Carolina Genovese
Coordinación de diseño: Marianela Acuña
Diseño de interior: Cecilia Aranda
Fotos de portada:
SFIO CRACHO/Shutterstock.com
Andrey Bayda/Shutterstock.com
Susii/Shutterstock.com
Diseño de portada: Luis Tinoco

© 2018 Rafael Vídac
© 2018 Vergara y Riba Editoras, S. A. de C. V.
www.vreditoras.com

**México:**
Dakota 274, Colonia Nápoles
C. P. 03810, Del. Benito Juárez, Ciudad de México
Tel./Fax: (5255) 5220-6620/6621 • 01800-543-4995
e-mail: editoras@vergarariba.com.mx

**Argentina:**
San Martín 969, piso 10 (C1004AAS) Buenos Aires
Tel./Fax: (54-11) 5352-9444 y rotativas
e-mail: editorial@vreditoras.com

Primera edición: septiembre de 2018

ISBN: 978-607-8614-06-6

Impreso en México en Litográfica Ingramex, S. A. de C. V.
Centeno No. 162-1, Col. Granjas Esmeralda, C. P. 09810
Delegación Iztapalapa, Ciudad de México.

# EL HOMBRE
## MÁS RICO DEL MUNDO

RAFAEL VÍDAC

V&R
EDITORAS

# ÍNDICE

# LUCIDEZ Y GENEROSIDAD

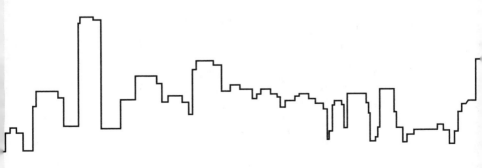

**S**i tienes este libro en tus manos no es por casualidad. Se me ocurren tres posibles razones por las cuales esto ha sucedido: la primera, porque estás entre los cientos de miles de seguidores o seguidoras de Rafael Vídac en la redes sociales; la segunda, porque alguien te ha recomendado la lectura de este libro; y la tercera, porque alguien te lo ha regalado. Puede haber otras opciones pero, sea como sea, este libro está en tus manos por un doble ejercicio del autor: por su extraordinaria lucidez y por su inmensa generosidad, porque si tuviera que definir en dos palabras cuáles son, entre muchos otros, los valores que expresa Rafael Vídac con su pensamiento, con su sentir, con su vivir en su obra, emergerían en primer lugar lucidez o sabiduría, y en segundo, generosidad o compromiso.

Y esa lucidez y esa generosidad tienen un efecto evidente: no es casualidad que Rafael cuente con cientos de miles de seguidores en sus redes sociales. Como si de un compromiso vital se tratara, de **un propósito** grabado a fuego en su alma, Rafael comparte con una cadencia permanente aforismos que contienen verdad, belleza, utilidad y sentido. La lectura de sus perlas de sabiduría nos lleva a detenernos, a reflexionar, a sentir, a asentir, a aprender el oficio de vivir. Porque entre sus muchos dones, Rafael tiene el don de la síntesis. Es capaz de expresar en muy pocas palabras máximas reveladoras, verdades como puños, provocaciones amables pero contundentes, rupturas de falsas creencias, ejercicios de un sentido común tan contundente que son muy pocas las personas que tienen la capacidad de hacer lo que él hace continuamente sin dejar de sorprender a sus lectores.

Cuando se lee a Rafael se genera un despertar, una apertura interior, una sonrisa de corazón; se abren caminos, miradas, posibilidades, lecturas, sentidos. Rafael siembra semillas de buena suerte por doquier cada día y las regala a quien sepa valorar lo que le es dado. Él es una muestra clara de que la sabiduría no tiene que ver con la edad cronológica sino con la madurez anímica, y en este sentido, pese a su juventud, Rafael es un hombre sabio de alma madura.

La sabiduría no es erudición. No se llega a ella por acumulación de conocimiento, memorización de citas, estudio en profundidad de autores o memorización de bibliografías. La sabiduría no es mera información. La sabiduría es, en un primer nivel, la consecuencia inevitable de la reflexión serena, profunda y honesta sobre lo vivido, y se alimenta de la sed de verdad y de la voluntad de comprender para compartir. En un segundo nivel, es el proceso de transformar el sufrimiento y elevarlo en amor y creatividad, entrega y servicio a los demás. Y, aún, en un nivel más profundo, la sabiduría emerge cuando la persona, desnuda de prejuicios, de ideas heredadas, de condicionamientos adquiridos, de falsas creencias, es capaz de conectar con su "Ser", su "Atman", su "Self", su "Centro", su "Yo superior", o como se quiera llamar a la esencia espiritual que todo ser humano alberga en sí, a esa parte divina que somos, esencialmente, fuera de dogmas y creencias impuestas, más allá de vanidades, de corazas, de miedos, de egos, donde lo que "Es" se manifiesta sin tamices, prístinamente.

Y este es el regalo que nos brinda. Rafael en esta obra nos entrega un compendio formidable de sabiduría existencial en un formato amable, de fácil lectura pero que atrapa; una trama que nace como la vida: de una crisis que es desafío y oportunidad, de un maestro que ha sido alumno y que desea compartir porque eso es lo que da sentido a su existencia, de un viaje exterior que es en realidad interior. Un viaje sobre los valores que crean valor: confianza, compromiso, responsabilidad, coraje, propósito, humildad, entrega, cooperación, y tantos otros. Un viaje en el que también aprendemos cómo se forjan nuevos hábitos, cómo es posible cambiar la mirada hacia uno mismo, hacia los demás y hacia la vida. Un viaje en el que nos pone de manifiesto la gran verdad: lo que creemos es lo que creamos. Un viaje en el que nos muestra cómo mejorar la autoestima, la autoimagen y el autoconcepto. Un viaje que nos enseña a priorizar valores y objetivos. Un viaje en el que el factor común, sin duda, es el Amor. El Amor a la Vida en mayúsculas. Porque en realidad eso es lo que es Rafael, y eso es lo que refleja toda su obra: tanto la que comparte en sus brillantes micro mensajes en Twitter, pero también la que encontramos en el grueso de esta novela.

Deseo que tú la disfrutes tanto como yo lo he hecho al leerla. Te sugiero que la leas con un lápiz en la mano, sea para subrayar las estrellas de verdad que dan luz al papel y que surgen del verbo de Rafael, sea para tomar notas aparte que te ayuden a crecer.

Hace ya unos años, un querido amigo que descansa en paz, Carlos Nessi, brillante psicoterapeuta, me dijo en una conversación: "En realidad, Álex, lo que des de ti se convertirá en tu riqueza". Hoy sé que esta maravillosa sentencia que me acompaña desde entonces es también la esencia de Rafael. Paradójicamente ha escrito este bello libro *El hombre más rico del mundo* alguien que lo es porque se da, porque se entrega. He aquí la coherencia de esta obra, que quien la escribe, Rafael, de tanto que da es autor y a la vez merecedor de este calificativo. Gracias de corazón, Rafael.

Buena lectura, buena vida y buena suerte.

**Álex Rovira**
www.alexrovira.com

# PREFACIO

**S**é que ella también está a punto de levantarse, pero salgo de la cama con mucho cuidado para no despertarla. El alba de un nuevo día se cuela por la ventana entreabierta y me detengo unos instantes para observar su respiración reposada.

"El grandullón tenía razón –pienso con **gratitud**–. Resulta más fácil valorar lo que es importante en nuestra vida cuando ya lo tenemos... o cuando creemos que todo está perdido".

Entro silencioso en el baño. Tras humedecerme el rostro, mi mirada queda atrapada en el reflejo del espejo y hago un repaso fugaz a los últimos años de mi vida. Con un suspiro de enorme satisfacción me sonrío a mí mismo.

–Lo has conseguido, Nicolas –le susurro al gran espejo dorado–. Ni en tus más disparatados sueños hubieras imaginado que algún día serías tan inmensamente rico.

## CAPÍTULO 1

# LA TARJETA

**M**is manos sudorosas se aferraban al volante mientras miraba por la ventanilla entreabierta del auto.

Al otro lado de la calle, la puerta de la entidad bancaria estaba todavía cerrada, pero en escasos cinco minutos, mi exjefe aparecería tras la esquina y la abriría. Estaba completamente seguro de ello. Así había sucedido cada mañana a lo largo de los últimos años. Aquel imbécil vivía con la precisión de un metrónomo suizo y yo sabía que era algo de lo que se sentía particularmente orgulloso.

Apreté el volante con más fuerza y sentí cómo crujía el cuero bajo los dedos. Mi padre solía decir que no era buena idea tomar decisiones importantes cuando uno estaba alterado. Resultaba curioso que recordara aquello justo en ese momento. En el fondo, el hecho de que hubiera desperdiciado una gran parte de mi vida trabajando para aquel banco había sido culpa suya. Así que, alterado o no, seguramente aquel momento era tan bueno como cualquier otro para hacer una última visita a la sucursal central.

Tomé la botella de entre las piernas y le di un buen trago. Unos pocos meses atrás no me hubiera podido imaginar bebiendo ginebra a palo seco, pero era sorprendente la rapidez con la que se podía llegar a prescindir de la tónica.

Miré de reojo el reloj del tablero. Menos de cuatro minutos.

Iba a hacerlo.

En cuanto apareciera aquel idiota estirado saldría del auto, lo tomaría por el cuello de la camisa y entraríamos los dos ahí dentro. Seguro que no se esperaba algo así, y sería un placer ver la cara que pondría.

Luego quería hacerle unas cuantas preguntas. Sobre todo necesitaba que me explicara sus motivos para dejarme sin trabajo. Podía entender el cierre de mi oficina, por supuesto. Consecuencias de esta maldita crisis general que lo estaba hundiendo todo. Pero lo que no me entraba en la cabeza, lo que era incapaz de comprender es que pudieran prescindir de mis servicios... No después de tantos años dejándome la piel en aquella empresa. No de aquella manera completamente inesperada, sin una sola palabra de disculpa por parte de alguien que fuera capaz de mirarme a los ojos. Quizá ahora se dignara a prestar un poco más de atención a un hombre desquiciado y me pudiera explicar qué debía hacer yo ahora, sin trabajo, **sin futuro**... y sin esposa.

El recuerdo de Sara mirándome con aquella expresión, entre la decepción y la lástima, no dejaba de torturarme. En cierto modo podía comprenderla, no debía ser nada fácil convivir con un borracho derrotado y sin esperanza.

Una chica joven pasó haciendo *footing* a escasos metros del auto, mirándome con expresión recelosa. Observé por el retrovisor cómo se alejaba y exhalé ruidosamente el aire contenido por la tensión. Me encontré con mi propio rostro, demacrado y sudoroso, reflejado en aquel pequeño espejo.

—No me extraña que se asusten, Nicolas —le dije al retrovisor con amargura antes de llevarme de nuevo la botella a los labios.

Menos de tres minutos.

Notaba el pulso desbocado en la base del cuello y el estómago contraído como un puño.

Miré de nuevo hacia la puerta. Siempre me había parecido una entrada vulgar para tratarse de la oficina central de la entidad bancaria. El mismo tipo de puerta en todas las oficinas. Me pregunté si aquello respondía a alguna estrategia o era simple despreocupación. Seguramente lo primero, ya que la imagen siempre había sido algo importante para la empresa. Recordé la eterna corbata, la sonrisa tensa, la obligada amabilidad. No se escatimaban recursos en tratar de aparentar lo que no se era.

Mentiras y más mentiras.

Una nueva oleada de rabia me atravesó el estómago.

Alguien dobló la esquina y se dirigió hacia la entrada con paso decidido.

—Ahí estás... —Miré de reojo el reloj del auto. Faltaba un minuto. Sin duda iba con retraso.

Le di un último trago a la botella de ginebra y llevé la mano al tirador de la puerta. Iba a hacerlo.

El tipo con traje y corbata llegó hasta la entrada y extrajo unas llaves del bolsillo. Yo dejé la botella a un lado y abrí la puerta del auto.

—¡Disculpe!

Una pareja de ancianos se aproximaba desde el otro lado de la calle con paso renqueante y haciendo todo tipo de gestos para llamar la atención de mi exjefe.

—¡Disculpe, señor! ¡Nos gustaría preguntarle algo!

—Perdonen, pero la oficina no abre hasta dentro de media hora. Si pudieran regresar entonces, será un placer atenderlos.

—Mi nieto me dijo ayer que nos han engañado —soltó el anciano con evidente indignación—. ¡Dice que nos han robado nuestros ahorros!

—Miren, me parece que no les han informado bien. Nosotros no hemos robado nada. Vuelvan ustedes dentro de un rato y podremos explic...

—¡Ladrones! ¡Son nuestros ahorros de toda la vida! ¡Devuélvannos nuestro dinero! —La anciana trataba de refrenar a su esposo, sujetándolo por el brazo y murmurando unas palabras que no alcancé a oír.

Mi exjefe volvió a dirigir su atención a la cerradura, mientras meneaba la cabeza con la actitud de quien está haciendo un esfuerzo de paciencia infinita. Tras un tintineo de llaves y un chasquido metálico, abrió, entró y volvió a cerrar justo cuando la pareja de ancianos había conseguido alcanzarlo.

Cerré la puerta del auto con el pulso acelerado y la camisa empapada en sudor. Observé cómo la anciana trataba de alejar a su esposo furibundo del lugar, mientras le aseguraba que todo se arreglaría.

Pero no se iba a arreglar.

Yo lo sabía muy bien. Conocía los productos que ofrecíamos a nuestros clientes y algunos eran poco menos que estafas encubiertas. Aquella pareja no recuperaría su dinero. Quizá, con suerte, dentro de diez años... Si todavía seguían vivos.

**"Toda mi vida es una mentira".**

Aquel pensamiento insistente y doloroso no dejaba de martillearme la cabeza. Traté de centrarme en otra cosa, de tranquilizarme y serenar mi respiración. Regresaría al día siguiente y entonces sí, tomaría a ese ladrón, a ese...

Pero entonces lo supe.

No fue un pensamiento, sino una sensación fugaz y cargada de certeza. Supe que no era capaz de hacer algo así. En cierto modo, lo que pretendía hacer era como agredirme a mí mismo.

Cuando por fin lo comprendí, solo enterré el rostro entre mis manos y rompí a llorar.

• • •

26

Un sonido doloroso e insistente me obligó a abrir parcialmente un ojo. La luz del atardecer y el sonido del tráfico me recordaron que, inexplicablemente, la vida continuaba ahí fuera.

También recordé que no estaba en el amplio salón de mi lujoso dúplex, sino en el de un modesto piso de estudiantes donde alquilaba un dormitorio que a duras penas podía costearme.

Pensar en todo aquello no me interesaba especialmente, así que volví a sumergirme lentamente en la dulce penumbra... Cuando aquel zumbido volvió a atravesarme el cráneo e hizo que me levantara del sofá como un resorte. Aquel movimiento tan brusco fue un grave error. Un dolor lacerante explotó en el interior de mi cabeza en el acto y me recordó que el sufrimiento también seguía ahí.

Busqué entre el caos de botellas y vasos de la mesita, y suspiré con cierto alivio: todavía quedaba una dosis de remedio infalible para la resaca.

Tras un buen trago, miré hacia la entrada. El ruido procedía del interfono del piso. Alguien había llamado desde la calle, pero parecía que se había cansado de insistir.

Miré hacia la puerta que daba al dormitorio de mi

compañero de piso y recordé que esos días estaba en la casa de sus padres. Mejor. El chico era bastante ordenado y no le haría gracia comprobar el estado en el que se encontraba el salón.

Un nuevo sonido invadió la sala. Esta vez se trataba del timbre de la puerta de entrada. Fuera quien fuera, había conseguido entrar en el edificio y parecía insistir en torturarme. Me levanté pesadamente del sofá entre maldiciones y descubrí que no llevaba pantalones. Me quedé inmóvil unos instantes, tratando de decidir si debía abrir la puerta con ese aspecto, buscar unos pantalones o enterrar de nuevo la cabeza entre los cojines del sofá y esperar a que acabara aquel infierno.

El timbre volvió a sonar. Dos veces.

—¡Será posible! —Crucé el salón con furia hasta la puerta de entrada.

—¡¿Quién es?!

—¿Señor Sanz? Traigo algo para usted.

Dudé unos instantes mientras trataba de recordar si esperaba alguna entrega y consideré la posibilidad de haber comprado algo por internet en plena borrachera.

—¿Señor? —insistió alguien desde el otro lado.

–¡Por Dios! Sea lo que sea, ¡déjelo en la puerta!

–Lo siento, Nicolas. Tengo que entregártelo personalmente...

Supe detectar la determinación en aquella voz. Fuera quien fuera no se marcharía fácilmente. Suspiré y eché un vistazo por la mirilla. Un tipo bajito, con unas gruesas gafas de pasta me sonreía desde el otro lado.

–Abre, Nicolas. Solo será un minuto.

La extraña familiaridad con la que me tuteaba aquel extraño con cara de *nerd* me irritó aún más. Quité el pestillo de seguridad y abrí la puerta de un manotazo.

El desconocido me observó detenidamente de arriba abajo, pero no parecía especialmente sorprendido por el hecho de que yo estuviera en interiores.

De hecho, se le veía extrañamente... feliz.

Lo miré fijamente mientras mi cerebro deshidratado buscaba las palabras adecuadas. Pero entonces, el tipo se llevó una mano al bolsillo interior de su abrigo, extrajo una pequeña tarjeta de visita y me la ofreció, ensanchando un poco más la sonrisa.

–Llámalo cuanto antes. Será una de las mejores decisiones de tu vida.

Enmudecido por la sorpresa, lo miré a los ojos.

Parecía sentirse bien y había cierta compasión en aquella mirada.

Aquello ya fue demasiado. Estiré el brazo y cerré la puerta con toda la fuerza que pude.

# CAPÍTULO 2

# RADIOGRAFÍA DE UNA CRISIS

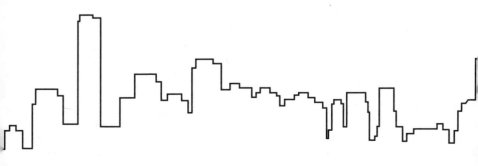

**O**bservé con aburrimiento el local desde el rincón donde me encontraba. Era primera hora de la tarde, pero en aquella taberna irlandesa siempre reinaba una suave penumbra. Una gran pantalla trasmitía un canal de deportes y una camarera pelirroja fregaba sin ganas el suelo tras la barra.

Como de costumbre, no había nadie más en aquel momento del día, lo cual era exactamente lo que necesitaba. Aquel lugar lleno de sombras, cerveza y alfombra gastada me parecía de lo más compatible con mi estado de ánimo.

Unas semanas atrás, el propósito de abandonar mi pequeña habitación a esa hora del día había sido visitar algunas empresas donde consideraba que tenía posibilidades de encontrar trabajo. Buscaba algún lugar donde pudieran valorar lo suficiente mi amplia experiencia en el sector bancario... o, al menos, lo suficiente para obviar mi escasa titulación.

Sin embargo, el tiempo fue pasando mientras las entrevistas se sucedían una tras otra. La mayoría seguía un guion relativamente diferente, pero todas finalizaban más o menos con la misma sentencia: "Lo sentimos, pero el puesto no se ajusta a su perfil".

Mi perfil...

No cabía duda de que la taberna en la que me encontraba sí se ajustaba a la perfección a mi perfil; así que, en algún momento, llegué a la conclusión de que tenía las mismas posibilidades de éxito recorriendo inútilmente la ciudad que bebiendo cerveza en aquel lugar.

Apuré el último trago de la segunda pinta y resistí el impulso de extraer el móvil del bolsillo. Había descubierto una nueva forma de torturarme revisando fotos del pasado con mi mujer y aún necesitaba un poco más de alcohol para empezar con el ritual de llorar por lo perdido.

La puerta del pub se abrió y entró alguien. Era un tipo inmenso que cruzaba el salón con paso firme y ágil, como un jugador de baloncesto vestido elegante por un diseñador italiano. Lo observé con atención desde mi rincón. El recién llegado desprendía una seguridad imponente; el cuerpo erguido, la cabeza alzada y la mirada al frente le otorgaban cierto aire de personalidad destacada. Por alguna razón se me ocurrió que un tipo así no tendría tantos problemas para encontrar trabajo... Pasó por delante de la camarera, que había dejado de fregar y lo observaba con la boca abierta. Él la miró brevemente y le dedicó una ligera sonrisa, lo cual hizo que la chica siguiera fregando a un ritmo frenético mientras se le ruborizaban hasta las pestañas.

El hombretón siguió su camino, atravesando el local en mi dirección. Observé su rostro y tuve la extraña sensación de conocerlo: cabello rubio y entrecano, rostro bronceado, mandíbula poderosa, edad madura... Aunque parecía de esos que aparentan bastantes menos años de los que realmente tienen.

En cuanto me quise dar cuenta estaba parado frente a mí, alzándose como un coloso a escasos centímetros de mi mesa. Me miraba fijamente sin decir ni una palabra.

Si algo había aprendido a lo largo de mi profesión perdida era la habilidad de descifrar a las personas según su aspecto. Volví a observarlo de arriba abajo; era evidente que aquel tipo no era alguien corriente.

¿Quién era?

–Hola, Nicolas –dijo con una voz que retumbó en el local. ¿No te acuerdas de mí?

Era la segunda vez en la misma semana que un desconocido se dirigía a mí por mi nombre de pila. Me dispuse a preguntarle si nos conocíamos de algún lado... Pero en aquel preciso instante, me acordé.

Yo ya había visto antes a aquel tipo.

• • •

Ocurrió en una mañana lluviosa. Acababa de salir de un atasco de mil demonios, llegaba tarde al aeropuerto y no estaba de buen humor. Viajar nunca me ha gustado demasiado, sobre todo cuando se trata de asuntos relacionados con el trabajo y, particularmente, cuando dichos asuntos coinciden con el fin de semana.

Mientras corría por los interminables pasillos, mi nombre resonó por megafonía, reclamando mi presencia con una amenazadora "última llamada". Apuré aún más el paso, sin dejar de maldecir. Sabía que perder aquel avión implicaba una serie de complicaciones en cadena que convertirían mis próximos dos días en algo digno de olvidar.

Cuando al fin llegué a la puerta de embarque, una solitaria azafata me esperaba con cara de pocos amigos. Yo, en cambio, sonreí aliviado. Había llegado a tiempo. Y fue entonces, justo cuando me disponía a entregar mi boleto, cuando se alzó un repentino tumulto en la sala de espera que había a pocos metros. Alguien lanzó un grito ahogado y diversas personas se levantaron de sus asientos alarmadas. Rodeaban a un hombre que parecía haber caído al suelo, desplomado.

No estoy seguro de si la azafata pudo ver lo mismo que yo, pero cuando volví a ser consciente de mí mismo, ya corría hacia el lugar del incidente mientras daba por perdido el vuelo que debía tomar.

Me abrí paso como pude entre el bullicio de curiosos y llegué hasta el tipo que estaba tirado en el suelo. Su rostro era un calvario de sufrimiento. Con una mano como una garra se aferraba el tórax con insistente desesperación.

–¿Qué le ocurre? –le pregunté por decir algo, ya que resultaba evidente que le pasaba alguna cosa en el corazón.

El tipo cerró los ojos con fuerza y apretó los dientes.

—¿Alguien ha llamado a un médico? –grité al aire, cada vez más nervioso.

—¿Acaso... no lo es usted? –murmuró alguien a mi espalda.

Y no lo era. Pero no me molesté en dar explicaciones inútiles. Traté de desabrochar el cuello de la camisa de aquel pobre hombre y de incorporarle un poco la cabeza. Mientras tanto, el tipo abrió los ojos un segundo y creí advertir que miraba hacia un pequeño bolso de mano que había a su lado. Masculló algo incomprensible e interpreté que necesitaba aquel bolso con desesperación. Lo abrí y rebusqué en su interior hasta encontrar un pequeño recipiente de comprimidos. Leí con ansiedad la composición y recordé que la nitroglicerina se utilizaba como un potente vasodilatador en caso de angina de pecho.

Tomé de inmediato un par de comprimidos y se los metí en la boca.

En aquel instante, la gente se apartó y apareció a mi lado un hombre mayor con un pequeño maletín.

—¿Es usted médico? –me preguntó, mientras tomaba el pulso con actitud profesional.

—No. Pero le acabo de dar dos de estas...

El doctor miró el recipiente y asintió brevemente.

Pareció aliviado. Luego, sin muchas contemplaciones, le abrió más la camisa al paciente.

—Ha hecho bien —repuso apresuradamente—. ¡Muy bien! Es probable que le haya salvado la vida... Y ahora, por favor, ¡abran paso!

Trajeron una camilla, subieron al enfermo en ella y se lo llevaron de allí rápidamente mientras el anciano doctor se afanaba en seguirles los pasos.

Cuando llegué de nuevo a mi puerta de embarque, todavía bastante conmocionado y con las palabras del médico resonando en mi cabeza, no me sorprendió encontrar la puerta cerrada.

—¡Increíble! —exclamó en actitud de genuina admiración un desconocido. Era un tipo enorme, rubio, con una barba de varias semanas. Estaba medio sentado en la mesita que utilizaba el personal de vuelo para revisar la documentación de los pasajeros y me miraba con una sonrisa de oreja a oreja. A su lado, alguien hablaba discreta, pero enérgicamente, a través de un móvil—. He visto lo que acabas de hacer y quiero decirte que... ¡ha sido increíble!

—Gracias —musité, sin saber cómo asumir el inesperado cumplido—. He... pensado que sería lo más correcto.

—¿Que lo has pensado? Bueno, mis amigos y yo hemos tenido la oportunidad de verlo todo –explicó mientras señalaba a un grupo compuesto por una decena de personas que, efectivamente, esperaban expectantes a pocos metros. Todos ellos con rostros bronceados y de aspecto desaliñado. La mayoría acarreaba enormes mochilas de montaña. Me observaban en silencio, con una actitud entre curiosa y divertida–. Y hemos llegado a la conclusión de que, en realidad, has actuado con una espontaneidad admirable. Te has dejado mover por el corazón y eso no es algo muy común, ¿sabes?

—Pues quizá debería haberlo pensado mejor. –Señalé con renovado pesimismo la puerta de embarque cerrada–. He perdido el avión... y quizá mi trabajo.

El desconocido miró entonces hacia su compañero, el cual respondió con un breve gesto de confirmación tras colgar el teléfono móvil con expresión satisfecha.

—No te preocupes, está todo solucionado –afirmó mientras estrechaba mi mano efusivamente sin dejar de taladrarme con aquella mirada. Aquel extraño me producía una rara sensación de desnudez, como si pudiera ver en mi interior con absoluta claridad–. Ha sido un placer conocerte. Y si me permites el consejo, ¡confía!

No importa lo grandes y oscuras que parezcan, ¡todas las nubes pasan! Pase lo que pase, conserva la esperanza.

Y, sin más, él y el resto de su comitiva se alejaron, conversando animadamente por el pasillo de la terminal.

Todavía los miraba con la boca abierta cuando alguien abrió precipitadamente la puerta de embarque desde dentro.

Era la azafata.

—¿Señor Sanz? ¡Lamento mucho las molestias! Lo estábamos... esperando. ¿Todavía desea subir a bordo?

● ● ●

—Te recuerdo —afirmé—. En el aeropuerto. Me ayudaste a no perder aquel vuelo.

—Disculpa si te sobresalté con mi actitud impulsiva, pero hace tiempo que me limito a seguir mi intuición. Te aseguro que a veces ni yo mismo la entiendo, pero lo cierto es que nunca falla.

Lo miré desde la mesa, sin saber muy bien qué añadir.

—Bueno, ahora tienes un aspecto más civilizado —apunté, por decir algo.

El tipo soltó una ruidosa carcajada y luego tendió una de sus manazas.

—Me llamo Daniel. Daniel Wheelock.

Le di la mano sin decir nada. Una parte de mí dudaba de que aquel extraño estuviera en sus cabales, pero otra me decía que podía confiar en él. Me decanté por la cordialidad y lo invité con un gesto a que tomara asiento.

—Gracias, Nicolas —dijo mientras se sentaba y me miraba a los ojos.

De nuevo me embargó aquella aguda impresión de estar completamente expuesto ante aquel tipo. ¡Aquello era realmente extraño!

—Te preguntarás por qué sé tu nombre... Y te lo puedo explicar fácilmente: te he estado investigando —reconoció mientras alzaba las manos en actitud conciliadora.

Pero lo cierto es que yo solo sentía curiosidad. ¿Por qué razón alguien querría saber algo sobre mi miserable vida?

—Sé que estás pasando por momentos difíciles —continuó—. Probablemente, los más difíciles de tu vida. Sé que has perdido tu trabajo, que llevas bastantes meses buscando otro y que no tienes esperanza de encontrar nada. También sé que te ha dejado tu mujer... Y que llevas cierto tiempo haciéndote preguntas. Preguntas que te da pánico responder y de las cuales no puedes escapar, por mucho alcohol que bebas...

Lo miré desconcertado, incapaz de entender cómo podía estar al tanto de todo aquello. Pensé que debía alejarme de él inmediatamente, quizá decirle que se marchara de allí y me dejara solo. O, al menos, enfadarme y gritarle que se metiera en sus asuntos, que me dejara en paz con mis problemas.

Pero lo cierto es que no deseaba hacer nada de todo aquello. Tenía que reconocer que, por extraña que me resultara aquella situación, el hecho de poder hablar con alguien que me comprendiera me producía cierto alivio.

—¿Quién eres y qué quieres de mí? —lancé con cierta brusquedad.

—Sobre tu primera pregunta, te diré que soy un inversor parcialmente retirado. Actualmente me dedico a descubrir nuevos proyectos empresariales que puedan aportar un beneficio real a la colectividad, así como a individuos que puedan hacer lo mismo gracias a sus facultades más o menos latentes.

—Disculpa, me parece que no te sigo. —Miré de reojo a la barra, donde la pelirroja no dejaba de observarnos mientras secaba jarras y vasos. Empezaba a necesitar con urgencia algo un poco más fuerte que cerveza irlandesa—. ¿Facultades? La verdad, no sé de qué me estás hablando, y tampoco estoy muy seguro de querer saberlo.

–Cualidades humanas, Nicolas, como empatía, creatividad, perseverancia, seguridad, paciencia, magnetismo, intuición, sabiduría... y ¡muchas otras! Son el verdadero motor de nuestro progreso. Te diré más, ¡nuestras cualidades son el patrimonio más valioso que existe! Hace tiempo que he decidido invertir mis propios recursos en descubrir y ayudar a aquellas personas que están preparadas para ofrecer sus facultades al mundo.

Tenía que reconocer que aquel hombretón desprendía un verdadero entusiasmo cuando hablaba. Sin embargo, seguía sin comprender qué rol tenía yo en toda aquella historia... De repente sentí el impulso de salir de aquel lugar y hacer algo que me convenciera de que no estaba perdiendo el tiempo.

–Tu proyecto es muy interesante –dije mientras me ponía en pie con intención de salir a la calle y alejarme todo lo posible de aquel extraño–. Pero, sin ánimo de ofender, no estoy en mi mejor momento y tengo muchas cosas que hacer.

–Perfecto, porque eso me lleva hasta tu segunda pregunta –continuó mi interlocutor, sin moverse de la silla ni un centímetro ni perder ni un ápice de entusiasmo–. Estoy aquí para hacerte una oferta.

Aquello sí que era toda una novedad. Llevaba meses recibiendo rechazos y negativas, así que el hecho de que alguien quisiera ofrecerme algo resultaba poco menos que increíble.

—¿Qué clase de oferta? —pregunté sin ocultar cierto recelo.

—Trabajo, Nicolas. Una nueva forma de ganarte la vida.

Lo miré en silencio unos segundos. Luego le hice un gesto a la camarera para que se acercara.

Definitivamente, necesitaba un trago.

• • •

—Ponme lo de siempre. Y para el caballero...

—Agua mineral, por favor —respondió Daniel, sonriendo amablemente a la joven.

—¿En qué consiste ese trabajo? —pregunté.

—Lo cierto es que todavía no lo sabemos... Como te he dicho, tengo relación con numerosas empresas en diversos países de todo el mundo. Puedo ofrecerte distintos tipos de labores, pero debes ser tú el que decida cuál se ajusta mejor a tus preferencias.

—Pero ¿por qué yo? Estoy seguro de que no te

costaría encontrar a alguien más adecuado. Dediqué mi vida a una empresa que ahora me trata como si fuera un despojo. No tengo formación académica y toda mi experiencia tiene que ver con la gestión de una oficina bancaria.

Daniel me miraba con suma atención.

—Escúchate, Nicolas. Te estoy ofreciendo un trabajo, **¡una oportunidad!** Pero tu respuesta es victimista y desconfiada. Es posible que todavía no lo entiendas, pero ello se debe a que estás cegado.

Lo miré, perplejo. ¿Me estaba insultando de alguna manera sutil?

—¿Cegado? —repetí con una sonrisa forzada—. Y ¿se puede saber por qué o por quién?

—Por tu propio estado emocional, por supuesto. Ves la vida a través de unas lentes que solo te permiten ver dolor e injusticia... y es comprensible. Tras una crisis vital como la que has experimentado, tus emociones dolorosas dominan tu cuerpo y tu mente, y te impiden apreciar lo que realmente ocurre a tu alrededor. Es decir, tus emociones te ciegan. Esa es una de las dificultades más frecuentes en las etapas de crisis, y siempre hace que el dolor se prolongue mucho más de lo necesario.

—Es cierto que, en este último tiempo, estoy un tanto negativo —reconocí—. Pero, de todos modos, ¡no te conozco! Sigo pensado que es razonable preguntar sobre los motivos de tu oferta.

—Las mejores oportunidades suelen perderse por culpa de "lo razonable" —rebatió el hombretón, tras darle un trago al agua mineral que le acababan de servir—. En realidad, no necesitas más información para darte cuenta de la oportunidad que te ofrezco. Lo más importante no es lo que te ocurre, sino lo que puedes hacer con lo que te ocurre, Nicolas. Pero insisto en que estás cegado... ¡Es fundamental que lo comprendas!

»De todos modos —continuó, antes de que yo pudiera replicar—, responderé a tu pregunta. Como te he dicho, soy inversor. Invierto en "activos humanos". De los miles de millones de personas que pueblan este mundo, me interesan, en especial, aquellas que se encuentran en estado de eclosión.

—Claro, además de ciego, resulta que también estoy saliendo de un huevo.

Daniel lanzó otra de aquellas ruidosas carcajadas.

—Es solo una metáfora. Las crisis son experiencias dolorosas de cambio. Las podemos aprovechar de mejor o peor forma, pero siempre indican que la persona que las vive tiene la posibilidad de dar un paso importante en su desarrollo personal y, por tanto, en las circunstancias de su vida.

»Independientemente del tipo de dificultades que aparezcan, todas las crisis siguen una serie de etapas en el mundo psicológico del individuo. Dichas etapas pueden prolongarse más o menos tiempo, pero siempre preceden a un "despertar", es decir, a una mejora en las cualidades de dicha persona.

–Entiendo... así que hay etapas y todo –comenté, con cierto sarcasmo.

–En efecto. Y creo que te resultará de utilidad saber algo más sobre este tema. Permíteme que te explique.

»El primer estadio de una crisis es la ignorancia. Se podría resumir con la frase "estoy mal, pero no soy consciente de ello". Esta es la etapa que más tiempo suele prolongarse... El segundo estadio es la deriva. La persona se dice a sí misma algo así como: "Claro, sé qué estoy mal, pero no sé qué quiero".

–Te aseguro que yo sí sé qué es lo que quiero –interrumpí.

–¡Fantástico! Entonces te interesará la siguiente etapa. Yo la llamo "utopía". Aquí, el pensamiento dominante es "sé qué es lo que quiero, pero no sé cómo lograrlo". Sin embargo, solo es un paso más hasta el siguiente conflicto del proceso, la parálisis. En esta cuarta fase, la persona no solo sabe lo que quiere, sino que, además, es consciente de los pasos que debería dar para conseguirlo. A pesar de ello, no es capaz de pasar a la acción, y eso le genera dolor y frustración.

»Si es capaz de superar esta dificultad y ponerse en marcha, tarde o temprano alcanzará la última fase de toda crisis, las llamadas resistencias. Aquí, el individuo ha conseguido pasar a la acción y persigue sus objetivos. Sin embargo, por algún motivo conocido o desconocido, estos no llegan...

»Vencida esta última etapa, la persona es capaz de conseguir lo que antes solo era un proyecto en su mente. Ha materializado su objetivo y, en ese camino, se ha convertido en un individuo más capaz, más poderoso... Dicho de otro modo, algunas de las facultades de su potencial han eclosionado.

Escuchaba todo aquello con más atención de la que pretendía mostrar. Lo cierto es que resultaba interesante.

—Está bien. Ahora entiendo lo del huevo... Pero te repito la misma pregunta: ¿por qué yo? Es evidente que hay muchísimas personas que lo están pasando mal.

—En primer lugar, porque soy capaz de reconocer a la persona que hay más allá de ese dolor. Vi cómo te comportaste en aquel aeropuerto, apartando las dudas de tu mente en una situación límite y actuando con la resolución que solo otorga la compasión. No importa tu sufrimiento actual. Veo a alguien con una serie de capacidades que pueden ser muy útiles para los demás... y, por tanto, que puede tener un sitio en mi equipo.

Tenía considerables dudas de que aquello fuera cierto, pero esta vez no lo interrumpí.

—Por otro lado, no todo el mundo reacciona del mismo modo ante una fuerte crisis personal. Muchos ceden a la presión de sus emociones más oscuras y cometen errores que no hacen más que prolongar y empeorar la fase en la que se encuentran. Tú, sin embargo, has superado una importante prueba y has sido capaz de ver más allá de tu rabia. Aunque ello haya ocurrido durante un solo instante, ha sido suficiente para que puedas comprender que solo tú eres el responsable de lo que te ocurre.

Dejé el vaso de ginebra a medio camino de mis labios.

—¿A qué te refieres con eso? —pregunté con recelo.

—Creo que ya sabes de qué te hablo. Decidiste no

hacer una tontería aquella mañana mientras esperabas a tu antiguo jefe.

—¿Cómo sabes...? —balbuceé mientras notaba cómo se me aceleraba el pulso. Aquel tipo empezaba a darme un poco de miedo.

—Tranquilo, Nicolas. Te hemos estado observando estos días. Necesitaba saber qué camino seguirías antes de hacerte mi oferta. Te aseguro que ha sido una alegría comprobar que has elegido el más sencillo.

Lo miré con suspicacia mientras me rascaba la barba de varias semanas. Aquella situación era sumamente extraña. ¿Me habían estado vigilando? ¿A mí? Observé de nuevo de arriba abajo a aquel tipo, tratando en vano de captar alguna señal que me ofreciera algo más de información.

—¿Sabes? Las elecciones son esos ladrillos con los que construimos nuestra vida, y por mucho que te escondas en lugares como este, debes seguir construyendo. Tu última elección fue acertada, pero ahora debes tomar otra que determinará el resto de tus días: confiar en un desconocido como yo... o seguir tu propio camino. Tú decides, como siempre.

—Está bien. —Suspiré—. Supongamos que me interesa tu oferta. ¿Cuáles son... las condiciones?

Daniel sonrió como un niño al que le acababan de ofrecer una golosina.

—Muy sencillo. **Tienes que pasar un periodo de formación**. Cuando lo finalices, podrás decidir qué tipo de trabajo prefieres realizar, o incluso declinar la oferta, si así lo consideras.

—Pero eso no tiene sentido. ¿Qué ganarías tú en caso de que decidiera no trabajar para ustedes?

—¿Además del placer personal de ayudar a alguien a salir de su propio abismo? La satisfacción de saber que hay una persona más en el mundo que ha alcanzado la verdadera riqueza.

Parpadeé sorprendido. ¿Riqueza? ¿De qué demonios estaba hablando? Y ¿por qué parecía estar tan interesado en mí, de aquella manera tan absurda?

—Por otro lado —añadió—, tendrás que confiar en mí, Nicolas. Esa es la condición más importante. Yo me encargaré personalmente de la mayor parte de tu preparación, pero es fundamental que sigas mis directrices aunque no las entiendas, o incluso aunque no estés de acuerdo con ellas.

»Debes saber que conozco el estado interior en el que te encuentras, ya que yo mismo lo he vivido. Durante una parte de mi vida experimenté el dolor desgarrador de la pérdida y también me mantuvo un tiempo cegado. Gracias a esa experiencia sé exactamente por lo que tú estás pasando ahora y esa es la motivación principal que me empuja a ayudarte.

»Sin embargo, nada de esto será posible si tú no estás decidido a cambiar tu situación actual y si no me entregas tu confianza. No es posible ayudar verdaderamente a alguien que no está dispuesto a ayudarse a sí mismo.

Dicho esto, Daniel se levantó de la silla.

—Es todo lo que quería explicarte —añadió—. Si decides concederme el honor de caminar a mi lado durante un tiempo, te estaré esperando mañana, a las siete de la mañana, en el aeropuerto.

Dicho esto, se dio media vuelta y se dirigió hacia la salida.

—Pero… ¡un momento!

Daniel giró, ya en la puerta, y me miró alzando las cejas.

—¿Cuánto tiempo dura esa... preparación? —dije, sin saber muy bien qué preguntar.

—Aproximadamente un año, pero no traigas equipaje. Eso es importante —recalcó, alzando un dedo.

Salió a la calle y desapareció de mi vista.

## CAPÍTULO 3

# RIQUEZA

**C**erré la maleta y contemplé el dormitorio antes de decidirme a salir. Estaba hecho un auténtico desastre. Conociendo la obsesión por el orden y la limpieza de mi joven compañero de piso, era probable que a la vuelta tuviera que buscar otra habitación de alquiler.

Recordé el lujoso dúplex donde vivía con mi esposa hacía solo unos meses y suspiré ruidosamente mientras trataba de no dejarme arrastrar de nuevo por la autocompasión.

Aquella noche no había podido pegar un ojo pensando en mi encuentro con Daniel Wheelock. Había buscado algunas referencias sobre aquel tipo por internet. Resulta que estaba forrado de dinero. Se lo consideraba nada más y nada menos que una de las cien personas más adineradas del planeta. Poseía multitud de empresas en sectores diversos y se decía que era uno de los inversores con mejor olfato en la actualidad. Allí donde dirigía su interés florecía el éxito con inusitada facilidad, incluso en aquellos proyectos por los que nadie hubiera apostado. Algunos lo llamaban el "millonario sin hogar", ya que no poseía ninguna residencia conocida.

—¿Cómo puede no tener casa con todo ese dinero? —musité para mí mismo, mientras me resistía a abandonar la pequeña habitación.

No podía dejar de pensar en el inesperado encuentro del día anterior y la propuesta del millonario. Sin duda se trataba de la oferta más extraña que había recibido en toda mi vida, aunque debía reconocer que no me encontraba en una situación en la que me sobraran las oportunidades laborales...

Para ser más exactos, estaba desesperado.

"Un hombre está dispuesto a avanzar cuando todo el dolor que le causa lo conocido es más fuerte que el miedo hacia lo que desconoce", había leído en algún lugar, hacía ya mucho tiempo. Y recién ahora puedo captar su verdadero significado.

Quizá, yo ya había experimentado suficiente dolor, porque había tomado mi decisión. Lo comprendí en algún momento de la madrugada, mientras el insomnio me hacía dar vueltas en la cama.

Tal vez aquello que me había pasado, aunque no lo comprendiera, era una oportunidad. Tal vez había llegado el momento de salir de esa ciudad, de arriesgar y probar algo diferente. Tal vez...

Le eché una ojeada al reloj de la mesa de noche y no pude evitar toparme con una pequeña fotografía donde aparecía junto a mi mujer, en nuestras últimas vacaciones. Siguiendo un impulso, la tomé y la metí dentro de mi pequeña maleta de viaje. Luego cerré la puerta y salí del piso.

• • •

El taxista esperaba desde hacía unos minutos.

—Al aeropuerto —le dije, entregándole la maleta.

Daniel había sido muy explícito en lo referente al equipaje, pero yo me sentía incapaz de emprender un viaje sin llevar conmigo algunas cosas esenciales, sobre todo teniendo en cuenta que podría tardar un año en volver.

"¡Un año!". Me resultaba increíble pensarlo.

Suspiré, cada vez más nervioso, mientras entrábamos en el aeropuerto. Traté de imaginar en qué consistiría esa "preparación" que debía superar para obtener el puesto de trabajo. ¿Pondrían a prueba mis conocimientos o mi inteligencia? Hacía ya toda una vida que había abandonado la facultad, y a estas alturas me sentía especialmente inseguro con respecto a cualquier tipo de curso académico, especialmente si debían evaluarme de algún modo. Ya no tenía edad para ponerme a estudiar...

—¿Dónde quiere que lo deje? —preguntó el taxista.

Entonces distinguí la colosal figura de Daniel, hablando con un teléfono móvil justo en la entrada de la terminal.

—¡Buenos días, Nicolas! —exclamó en cuanto salí del auto—. ¡Sabía que lo lograrías!

—Bueno, llegar hasta el aeropuerto ha sido bastante sencillo... —Era consciente de que solía recurrir al cinismo cuando estaba nervioso. No lo podía evitar. Aunque el hombretón no pareció ofenderse lo más mínimo.

—Las acciones sencillas pueden requerir elecciones difíciles —respondió mientras me guiñaba un ojo.

En aquel momento, el taxista me entregó la maleta. Miré de reojo la reacción de Daniel, pero este extrajo una billetera del bolsillo y le pagó al conductor sin hacer comentario alguno.

La actividad en el aeropuerto era frenética. Un incesante flujo de viajeros con sus respectivos equipajes pasaba junto a nosotros y cruzaba la puerta de la terminal.

—Esto... Daniel, ¿podría saber adónde nos dirigimos?

—Por supuesto que puedes, aunque creo que es mejor que no lo sepas —se limitó a responder.

En aquel instante, un lujoso auto aparcó ante nosotros y, para mi sorpresa, entramos en el vehículo. El auto empezó a circular silenciosamente, dejando atrás la entrada a la terminal.

—¿Por qué no puedo saber adónde vamos? —pregunté preocupado, mientras miraba a través de los vidrios tintados del auto. No entendía nada. ¡Estaba convencido de que íbamos a subir a un avión!

En aquel momento pasamos junto a uno de los bares del aeropuerto y reparé en que no había bebido ni un trago desde la noche anterior.

—¿Es parte de la... formación? —insistí.

—Bueno, puedes entenderlo así si quieres —dijo Daniel finalmente—. Tienes la costumbre de compensar tus inseguridades con control, Nicolas. El control es una herramienta útil, siempre y cuando no te dejes gobernar por ella. Resulta imposible controlarlo todo en esta vida, como tú mismo has podido experimentar últimamente. Por tanto, te vendrá bien empezar a recordar cómo dar pasos en la oscuridad. Si aprendes a moverte sin disponer de ningún tipo de información, agudizarás tu visión sobre el terreno que pisas.

—No entiendo a qué te refieres. Es imposible predecir un acontecimiento si no existe un mínimo de información. Solo trato de saber cómo serán las semanas que me esperan y, para ello, necesito algunos datos. Por ejemplo, ¡el lugar al que vamos!

Daniel asintió, mostrándose conforme con mis palabras. Parecía divertirse con aquella conversación.

—Sin embargo —puntualizó—, lo que todavía no comprendes es que ya dispones de la información más importante. No necesitas que nadie te la proporcione. No sabes qué trabajo te voy a ofrecer, ni tampoco qué vamos a hacer a lo largo de las próximas semanas. Pero a pesar de todo, estás aquí. ¿Por qué?

—Porque no tengo nada que perder.

—De nuevo hablan las emociones que te ciegan y no la persona que las siente. No estás aquí porque no te quede otra salida, sino porque una parte de ti percibe que es la salida correcta.

Guardé silencio ante aquella respuesta. Lo cierto es que no me lo había planteado así.

• • •

En lugar de salir del aeropuerto, llegamos con el auto hasta la zona de pistas y entramos en un hangar, donde un pequeño avión finalizaba las operaciones de repostaje. Una atractiva azafata nos esperaba con una deslumbrante sonrisa en la puerta de la aeronave.

—Bienvenido, señor Wheelock. Estamos listos para despegar.

—¿De verdad vamos a viajar en un *jet* privado? —pregunté mientras le entregaba a la chica mi pasaporte.

—Espero que no te importe —dijo Daniel en un tono de disculpa que no supe interpretar—. Suelo viajar con mucha frecuencia y recorro los cinco continentes. Este avión me ayuda a optimizar el tiempo y, a su vez, es una de las oficinas que más utilizo.

—Asombroso —murmuré impresionado, mientras

miraba a mi alrededor. Resultaba evidente que Daniel era un amante del lujo y la comodidad. El interior de la aeronave estaba recubierto de cuero, madera y lujosas alfombras. También había un amplio escritorio y, al fondo, me sorprendió ver una bicicleta estática y un juego de mancuernas para hacer ejercicio.

–Por favor, ponte cómodo. Voy a saludar a los pilotos.

Daniel abrió una cortina que había al final del pasillo y desapareció tras ella.

La azafata guardó mi maleta en uno de los arcones superiores y yo me acomodé plácidamente en una gran butaca junto a una de las ventanillas.

–¿Desea tomar algo?

Creí que no me lo iban a preguntar nunca.

–Ginebra, con hielo y limón, por favor.

Daniel volvió en aquel momento y se sentó frente a mí. El avión empezó a moverse.

–Bien, espero que estés cómodo. Nos aguardan unas cuantas horas de viaje.

–Es fantástico –respondí con satisfacción mientras la chica me servía la copa–. Mucho mejor que viajar en primera clase. Realmente sabes valorar las cosas buenas de la vida...

Mi compañero me dirigió desde su asiento una de aquellas miradas intensas tan desconcertantes.

–Dime, ¿qué crees tú que es la riqueza?

–Bueno, supongo que es algo relativo. A mí no me iban mal las cosas, al menos antes de que empezaran mis problemas, pero jamás me he considerado un ricachón. No sabría decirte... supongo que hablaríamos de unos cuantos millones al año.

–Entiendo. Tú me hablas de dinero, pero yo te pregunto por la riqueza...

Comprobé que la ginebra que me habían servido también era excelente, y luego miré a mi compañero de viaje con cierta irritación.

–No me digas que me vas a soltar ahora todo ese discurso de que lo importante está en el interior...

–Si solo tuvieras mucho dinero, ¿te considerarías una persona rica? –preguntó, ignorando mi protesta.

Recordé todo lo que había perdido. Mis posesiones, mi posición social... Eran logros que me hacían sentir bien y había trabajado mucho para conseguirlos. ¿Acaso era malo disfrutar de todo aquello?

–Supongo que hay más cosas –concedí malhumorado–. Pero ¡el dinero es importante!

–El poder adquisitivo es solo una de las formas de

riqueza. Una que atañe al mundo material... y no niego que sea importante. Sin embargo, no solo somos seres materiales, Nicolas. También tenemos un mundo interior que solemos descuidar. Conozco personas que son extremadamente ricas y viven voluntariamente con pocas posesiones materiales. La diferencia entre ellas y alguien que sufre porque considera que no tiene suficiente está en su riqueza interior.

»Es muy importante que comprendas que las cosas materiales, como este bonito avión, solo son la "cáscara", el aspecto exterior y evidente que surge de las emociones y los pensamientos de las personas. Quienes dedican todo su tiempo y esfuerzo a conseguir grandes y bonitas "cáscaras", sin prestarle atención a su mundo interior, tarde o temprano terminarán por sentirse ellos mismos como una cáscara, es decir, vacíos.

»De hecho, a lo largo de toda mi vida he podido comprobar que la mayoría de los problemas de este mundo proceden de personas con bolsillos llenos y corazones vacíos.

»Sin embargo —continuó Daniel—, nuestra energía interior no solo puede convertirse en objetos materiales. Hay otros factores que deben tenerse en cuenta si queremos poseer una vida realmente abundante.

A continuación abrió un compartimento que había en el lateral de su asiento y extrajo un pequeño bloc de notas y un bolígrafo. Dibujó un círculo y empezó a cruzarlo con líneas en diferentes direcciones, creando una serie de espacios. En cada uno de ellos escribió una palabra: dinero, pareja, amistad, salud, ocio, familia, desarrollo y profesión. Luego puso la libreta ante mí.

–Estos son tus sectores vitales y representan el grado de riqueza exterior en tu vida. Como puedes ver, el dinero es solo uno de ellos... Me gustaría que puntuaras del cero al diez cada uno de estos sectores.

Miré el dibujo que tenía delante. Dinero: fatal. Amistad: fatal. Desarrollo... ¿qué era eso? Profesión y pareja: peor que fatal.

–¿El alcoholismo cuenta como "ocio"? –pregunté con amargo sarcasmo.

–Esto es importante, Nicolas –dijo mi compañero con seriedad–. No podemos empezar tu programa de entrenamiento si no comprendes una serie de principios fundamentales. Sé que no es fácil para ti en estos momentos, pero te aseguro que vale la pena que hagas un esfuerzo.

Me miraba con seriedad, pero, al mismo tiempo, aquellos ojos azules seguían transmitiendo calidez.

—No sé, Daniel, supongo que ahora le pondría un cero a todos esos sectores.

—Un cero. Bien. Y si te hubieran enseñado los sectores vitales antes de perder tu trabajo y tu matrimonio, ¿qué calificación hubieras puesto en cada uno de ellos? Quiero que lo pienses bien. Tómate tu tiempo.

Volví a mirar el dibujo. Aquella pregunta resultaba un tanto absurda. Antes de que todo se derrumbara, mi vida iba como la seda, ¿no? Pondría una calificación relativamente buena en "dinero" y también en "trabajo".

Entonces recordé mis frecuentes quejas por la esclavitud que suponían los horarios de mi antigua profesión. Mi vida fuera de la oficina se reducía a los fines de semana y a las cuatro semanas anuales de vacaciones. Por otro lado, la relación con mis jefes no es que fuera especialmente agradable. Siempre estaba aquella maldita presión de alcanzar los objetivos impuestos... Y para colmo no compartía muchas de las directrices abusivas que nos obligaban a seguir desde "arriba". Luego me recordé a mí mismo, ebrio en el auto, imaginando cómo agredir a mi jefe. Tenía que admitir que, quizá, la calificación en la casilla de "trabajo" podía merecerse un suspenso.

Miré el resto de los apartados mientras seguía pensando en mi vida antes de que llegaran los problemas. La cuestión de la salud tampoco la llevaba muy bien. Mis niveles de colesterol estaban descontrolados desde hacía años, me medicaba para controlar la presión arterial y mi médico me había advertido en varias ocasiones que estaba al borde de la diabetes. Y luego estaba el tema del alcohol. Era cierto que últimamente me estaba sobrepasando, pero... ¿cuánto tiempo hacía que bebía demasiado?

"Amistades". De nuevo, el problema del tiempo. Entre semana, mi mundo era el trabajo y no tenía tiempo para nada más. Pero los fines de semana teníamos un círculo de amigos con los que íbamos a cenar. Sonreí ligeramente al pensar que ahí sí pondría una buena calificación.

Pero entonces me pregunté por qué hacía tanto tiempo que no sabía nada de ninguno de ellos. Desde que empezaron mis dificultades habíamos dejado de vernos. Traté de recordar alguna llamada, algún gesto de interés por mi situación... ¿Cómo debía evaluar realmente mi vida social?

Comencé a ponerme nervioso. Busqué con la mirada algún sector al que pudiera ponerle buena calificación.

"Pareja". Mi vida de pareja era buena. Amaba a mi mujer. Era una persona comprensiva y cariñosa, y siempre había estado a mi lado... hasta que me vine abajo. Perder mi profesión fue un golpe inesperado y muy duro. Traté de recuperar el ánimo, utilizar mis contactos para conseguir un nuevo trabajo, pero conforme pasaron los meses fui comprendiendo que no sería tan fácil. Empecé a quedarme en casa mientras la depresión me iba dominando.

Y un día, ella se marchó. Dejó una nota, ¡cómo no! Pero solo decía que no podía seguir viviendo junto a un hombre que se había rendido. Y yo no la culpaba por ello. Cualquier mujer sensata hubiera hecho lo mismo, ¿no?

"¿No?".

Aparté el bloc de un manotazo y me crucé de brazos con un gruñido de frustración.

—Este ejercicio es una maldita tontería —sentencié.

—¿Eso crees? —preguntó Daniel, que me observaba con atención desde el fondo de su asiento—. Dime una cosa, si tuvieras que resumir con las mínimas palabras tus conclusiones sobre este ejercicio "tonto", ¿qué me dirías? Y, por favor, trata de ser sincero contigo mismo.

Reflexioné unos segundos antes de responder.

—Supongo que te diría que mi vida actual es una mierda.

Daniel alzó las cejas, animándome a continuar.

—Y... supongo que mi vida anterior no era tan buena como yo pensaba.

—Está bien, Nicolas. Sé que no es fácil. Solo pretendo ayudarte a "ver". No es posible mejorar aquello que no se acepta. Cuando sufrimos una fuerte crisis personal, todo lo que pensábamos que funcionaba bien se viene abajo, pero solo porque estamos preparados para construir algo mejor. Tu vida pasada tenía serias deficiencias. La mayoría de tus sectores vitales no marchaba bien. ¿Recuerdas las fases de toda crisis? Estabas sumergido en el primer estadio, el de la ignorancia. "Estoy mal, pero no soy consciente de ello". Si no te hubiera pasado lo que te ha pasado, tu vida continuaría atascada en todo ese sufrimiento inconsciente.

Apuré lo que me quedaba de ginebra en silencio. Me fastidiaba profundamente, pero tenía que reconocer que aquello tenía sentido.

—De todos modos —continuó—, los sectores vitales son un mapa. Una representación del estado de nuestra riqueza exterior. No solo se trata de dinero. Lo importante es que estos sectores surgen de tu mundo interior.

»Por ejemplo, tu salud depende de factores como tu energía vital y tu estado emocional. La calidad de tus amistades guarda relación, en gran medida, con tu inteligencia social, es decir, **tu empatía**, tu tolerancia, tu manera de relacionarte con los demás, etcétera. Tu vida de pareja depende de tu capacidad para comunicarte en profundidad con ella de forma física, emocional, afectiva, intelectual... La cantidad de dinero que posees surge de cualidades como la persistencia, el valor, la creatividad, el positivismo, etcétera.

—De acuerdo –interrumpí–. Creo que ya lo entiendo. Todo surge de nuestro interior. Es un concepto muy bonito, pero ¿de qué me sirve saber eso?

—Es la clave fundamental para comprender el método de preparación que seguirás a mi lado, Nicolas.

—¿Un método? –pregunté desconfiado.

—Así es. Seguimos un procedimiento, una serie de pasos, para realizar cualquier cosa. Y te aseguro que tus resultados variarán significativamente en caso de seguir uno u otro. Lo cierto es que existen decenas de métodos y centenares de libros que te informarán sobre cómo puedes sentirte mejor o incluso cómo lograr ser alguien mejor.

—Personalmente, nunca me han gustado los libros

de autoayuda –declaré–. Uno acaba de leerlos y puede llegar a sentirse extrañamente bien, pero al final no aportan ningún cambio significativo.

–Eso es porque muchos de ellos se centran solo en alguno de los aspectos exteriores de la riqueza, como los que tratan de enseñar cómo ganar más dinero, y otros en alguna cuestión de nuestro mundo interior. Sin embargo, pocas veces se consideran ambos aspectos.

»El método que seguirás en tu periodo de formación es el que han seguido, de forma más o menos consciente, todas aquellas personas que han comprendido cómo llenar de verdadera riqueza sus vidas. Y presta atención, se basa en la siguiente premisa: "La riqueza exterior es solo la consecuencia de una abundante riqueza interior, además de una buena gestión de la misma".

Dicho esto, Daniel volvió a acercarme el cuaderno y el bolígrafo.

–Te aconsejo que vayas apuntando las ideas más importantes que vayan surgiendo. Muchos conceptos los asimilarás más adelante, releyendo tus propias notas.

Tomé el cuaderno y pasé de página, dejando atrás aquel gráfico que intentaba demostrar que mi vida actual y pasada era un desastre.

—Sigues sin haberme explicado qué quieres decir con eso de trabajar con nuestro aspecto interior —dije mientras escribía.

—Cierto. Nuestro mundo interior está dividido en cuatro aspectos. A saber, el aspecto físico, el emocional, el mental y el transpersonal. Todas las cualidades necesarias para que puedas ponerle un diez a todos tus sectores vitales surgen del estado de esos cuatro aspectos. Dicho de otro modo, si no funcionan correctamente, tu vida exterior manifestará una serie de conflictos. Y si dichos problemas persisten y no se afrontan, invariablemente aparecerá una crisis.

—Espera, a ver si lo he entendido bien. ¿Me estás diciendo que todos mis problemas surgen de esos cuatro factores internos que no funcionan bien?

—Exacto. Por eso tu entrenamiento debe empezar por ahí.

Había algo en aquella teoría que me disgustaba. Recordé mi pasado. Siempre quise ser médico, pero mis padres insistían en que colaborara en el negocio familiar. A pesar de ello, me matriculé en la facultad. Combinaba mi tiempo trabajando en la tienda familiar con los libros de medicina y, aunque faltaba a muchas clases, conseguí llegar hasta el último curso de la carrera.

Pero aquel año, mi padre murió inesperadamente y tuve que hacerme cargo del negocio. Fue una etapa difícil, y en mi lucha por mantener a flote nuestra única fuente de ingresos tuve que abandonar la facultad y buscar un empleo.

Conseguí un puesto de aprendiz administrativo en una sucursal bancaria del barrio. Quién iba a pensar que esa sería la profesión a la que dedicaría mi vida.

—Creo que no estoy de acuerdo contigo, Daniel —dije tras rememorar todo aquello—. En la vida nos pasan... cosas. Problemas y dificultades inesperadas que determinan nuestra trayectoria. No todo depende de nosotros ni de lo que ocurra en nuestro interior.

Mi compañero de viaje me observó detenidamente unos segundos, antes de responder.

—Las cosas que nos pasan, incluso aquellas que parecen fortuitas, también surgen de nuestro estado interior. Comprender eso nos otorga la maravillosa cualidad de la responsabilidad. La vida no nos pasa, nosotros hacemos que nos pase. No es algo fácil de comprender ni, a menudo, de admitir. Resulta mucho más sencillo desviar la responsabilidad hacia otras personas... o hacia la mala suerte.

Iba a argumentar en contra de aquello, pero Daniel me interrumpió alzando la mano.

—Entiendo que ahora no estés de acuerdo con esta idea, pero te aseguro que llegará el día en el que puedas demostrártela a ti mismo. Sin embargo, ahora no merece la pena discutir sobre ello. Por el momento, te aconsejo que enfoques este tema como una hipótesis, a la espera de ser demostrada por tu propia experiencia.

Dicho esto, apretó un botón en su butaca y un mullido reposapiés surgió bajo sus piernas con un silencioso zumbido electrónico.

—Si no te importa, dejemos aquí la conversación para descansar un poco. Te aconsejo que hagas lo mismo. Cuando lleguemos a nuestro destino, te hará falta toda tu energía.

Se acomodó en la butaca y, sin más, cerró los ojos.

## CAPÍTULO 4

# CONFIANZA

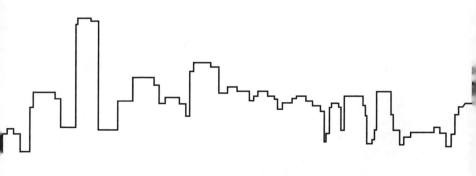

**M**iré el reloj en cuanto desperté. Llevábamos más de ocho horas de vuelo, lo que significaba que podíamos estar prácticamente en cualquier parte.

–Buenos días –dijo Daniel, que estaba sentado frente al escritorio y tecleaba en un ordenador portátil–. ¡Menuda manera de dormir! –Sonrió, sin dejar de mirar la pequeña pantalla.

Estiré las piernas y miré por la ventanilla. Era noche cerrada.

–¿Desea algo para desayunar? –preguntó la azafata a mi lado.

–Solo café, por favor.

–Necesitarás algo que te aporte energía, Nicolas

—afirmó Daniel con cierta actitud ausente–. Es mejor que desayunes algo consistente. Tráele un poco de todo, por favor.

La chica se dirigió de inmediato hacia el fondo de la sala y desapareció tras las cortinas.

—Supongo que insistes en no decirme adónde diablos vamos –dije deprisa, cada vez de peor humor. No me gustaba que decidieran por mí, y mucho menos sobre lo que debía comer.

Daniel no contestó, tecleó rápidamente unos segundos más, cerró el portátil y se sentó sonriente frente a mí sosteniendo una taza humeante entre sus manos.

—Sé que no es fácil abandonar el hábito de querer controlarlo todo, pero te prometo que merece la pena el esfuerzo. Parte de tu sufrimiento surge del miedo que te produce perder el control de tu vida, especialmente cuando todo parece estar cambiando. Confía en mí. Permítete el placer de dejar de pensar a todas horas en lo que pueda o no pueda ocurrir. En lugar de eso, te invito a que trates de absorber al máximo la experiencia de lo que está ocurriendo ahora mismo, en este instante.

—Ya estás otra vez con ese discurso de autoayuda...

—Resoplé con impaciencia mientras volvía a clavar la

mirada en la oscuridad que reinaba tras la ventanilla. Me daba cuenta de que aquel hombre parecía querer ayudarme, pero no podía reprimir mi malestar. Nunca había tenido un buen despertar, pero el problema había empeorado considerablemente a lo largo de los últimos meses.

—Dime una cosa: ¿qué estarías dispuesto a hacer para arreglar tu situación actual? Más aún: ¿qué estarías dispuesto a sacrificar, ahora mismo, si tuvieras la certeza de que con ello te encontrarías en una situación mucho mejor que cualquier otra que hayas experimentado en tu vida? Piénsalo bien.

No me hizo falta reflexionar mucho.

—Daría cualquier cosa.

—¿Incluso tu confianza?

Guardé silencio al darme cuenta de que acababa de quedar atrapado en la lógica de aquella argumentación.

—Supongo que sí —concedí de mala gana—. Pero eso es lo que ya estoy haciendo, ¿no? Estoy en un bonito avión, con un desconocido, ¡rumbo a Dios sabe dónde!

—Es cierto. Lo estás haciendo muy bien, y lo cierto es que no esperaba menos de ti. Pero necesito algo más que eso, compañero. Necesito tu compromiso, tu palabra de honor, de que vas a implicarte en cuerpo y alma en este entrenamiento. Ten en cuenta que no estamos hablando de una cosa banal. ¡Se trata de tu vida! Tendrás que afrontar retos, instaurar nuevos hábitos y asumir aspectos desagradables de ti mismo. Por supuesto, eres libre de abandonar en todo momento. Pero antes de hacerlo, quiero que pienses siempre en la vida que te espera si no decides mejorarla. Y, a continuación, imagina una vida colmada de verdadera riqueza si persistes en seguir hasta el final.

Daniel esperó en silencio unos segundos.

–Y ¿bien? –inquirió con actitud rigurosa–. ¿Puedo contar con ese compromiso?

No respondí de inmediato. Era evidente que no era una pregunta cualquiera y supe que debía reflexionar antes de pronunciarme.

Pensé en el sufrimiento de los últimos meses de mi vida y en cuánto deseaba superar de una vez por todas aquella situación. Volví a percibir con especial intensidad aquella sensación que tuve la noche anterior; la certeza de que ya me había engañado lo suficiente, de que no quería seguir sufriendo de aquella manera y de que estaba dispuesto a hacer cualquier cosa para salir de aquella maldita crisis.

—Puedes contar con ello, Daniel —concedí en voz baja. Me comprometo.

El hombretón se acomodó en su butaca, con gesto satisfecho.

—Dentro de poco llegaremos a Madagascar —declaró, al mismo tiempo que la azafata empezaba a servirme un abundante y variado desayuno, completamente desproporcionado para mi escaso apetito.

•••

Había transcurrido casi una hora cuando el piloto nos avisó que estábamos a punto de aterrizar.

Tras tomar tierra, salimos del *jet* hasta la pista de lo que parecía un aeropuerto relativamente pequeño. Reparé en un cartel que anunciaba en francés que nos encontrábamos en Antsiranana.

Mis conocimientos en geografía siempre habían sido escasos, por no decir vergonzosos, así que continuaba sin estar seguro de dónde estábamos. Imaginaba Madagascar como una isla inmensa, hacia el sur y cerca de África. Tendría que conformarme con aquella referencia.

En lugar de dirigirnos al interior de la terminal, un

controlador de pista nos condujo hasta un helipuerto. Allí, un gran helicóptero amarillo arrancaba motores y empezaba a girar sus aspas. Un tipo con bigote y una gastada gorra de color rosa se acercó y abrazó efusivamente a Daniel.

—Es nuestro nuevo piloto —señaló Daniel—. Nos llevará hasta nuestro destino. Tardaremos algo menos de una hora en llegar.

Me limité a asentir en silencio, tratando de aparentar autoconfianza. Me negaba en rotundo a mostrar inseguridad ante aquella situación. Entré en aquel ruidoso artefacto y tomé asiento mientras sujetaba con fuerza mi maleta. Volvía a necesitar con urgencia un trago.

Alzamos el vuelo y, en pocos minutos, sobrevolábamos el océano mientras el amanecer despuntaba a nuestra espalda.

—No es la primera vez que haces este trayecto, ¿verdad? —dije al cabo de un rato.

Daniel me miró con cierta actitud traviesa. Me resultaba curioso cómo un hombre de su edad y el cuerpo como un armario podía adoptar aquellas expresiones propias de un niño.

—Así es. El lugar adonde vamos es muy importante para mí, y allí recibirás la primera parte de tu entrenamiento. Pero antes de llegar, quiero preguntarte algo: ¿sabes qué diferencia hay entre el dolor y el sufrimiento?

—Vamos, Daniel —contesté un tanto atragantado—. Quieres asustarme, ¿no?

Mi compañero se limitó a sonreír enigmáticamente.

—Verás, el dolor es una sensación inherente a todo cambio y a la vida en sí. Cuando nos salen los primeros dientes, o tenemos un hijo, o experimentamos una pérdida, o nos hacemos una herida o ejercitamos nuestros músculos... cualquier cambio produce algún tipo de dolor.

»Sin embargo, tenemos diferentes modos de asimilarlo. Lo que para algunos es una experiencia desagradable, para otros puede resultar muy agradable.

—Dolor... ¿agradable? —pregunté con escepticismo.

—El atleta que entrena su cuerpo siente dolor, pero no le importa. La madre que sacrifica su tiempo para dedicarlo a sus hijos siente dolor por ello, pero lo acepta gustosamente. El escalador que se esfuerza en alcanzar la cima, el profesor que trata de darles lo mejor a sus alumnos, el científico que se encierra horas y horas en su laboratorio...

—Pero tú me estás hablando de esfuerzo, no de dolor.

—El esfuerzo es dolor aceptado por parte de quien es consciente de que se trata de una moneda de cambio para conseguir algo mucho mayor.

—Ya veo.

—Sin embargo, el sufrimiento es la otra cara del dolor. Es el dolor no aceptado, el dolor prescindible al que nos resistimos porque no somos capaces de asumirlo. Los budistas afirman que "el dolor es necesario, pero el sufrimiento es opcional".

»Estoy de acuerdo con esa idea, ya que el dolor surge con cada cambio y dura lo que tenga que durar. Sin embargo, el sufrimiento solo aparece cuando no nos dejamos llevar por ese cambio, **cuando nos aferramos al pasado conocido con uñas y dientes.** Por eso resulta fundamental abandonar todo lo que tenga que ver con lo perdido para poder abrirse a lo nuevo.

En ese momento, Daniel miró fijamente mi maleta.

Ya me extrañaba que no hubiera salido aquel tema antes...

—Solo llevo un poco de ropa y cosas de higiene personal —aseguré antes de que mi compañero pudiera decir nada más. Obvié la fotografía de mi mujer, que había incluido en el último momento.

—Te prometo que no necesitarás nada de lo que puedas llevar ahí durante los próximos meses —aseguró Daniel—. Sin embargo, es muy importante que dejes aquí esa maleta. Para superar cualquier crisis personal es fundamental desprenderse todo lo posible del pasado, ya que es un auténtico lastre subconsciente que ralentiza el proceso de cambio que he mencionado antes. Cambiar los muebles, tirar la ropa, marcharse de la ciudad, modificar nuestro aspecto... Cada uno debe buscar su propia manera de desligarse del pasado. Yo te ofrezco la posibilidad de hacerlo de una manera completa. Por eso hemos venido a un lugar en el que nunca has estado y por eso te pido que abandones toda posesión.

—Pero ¿eso no es una manera de huir? ¿De escapar de una realidad que, de algún modo, debemos superar? —pregunté mientras me abrazaba con fuerza a mi maleta.

—Así es, siempre y cuando, llegado el momento oportuno, no te atrevas a regresar a tu cotidianidad. Los problemas viajan en nuestro interior y se manifiestan una y otra vez hasta que somos capaces de superarlos. No te sugiero que escapes de tus problemas, sino que dejes de centrar permanentemente tu atención en ellos. Recuerda esto: podemos escapar de algo que nos persigue, pero no de aquello que nos acompaña. Así que no te preocupes por eso, te aseguro que tu pasado te espera para que puedas superarlo.

Tras unos momentos de tensa duda, suspiré resignado y le entregué la maleta. ¡Qué diablos! Al instante, me sorprendió percibir una cierta liberación en aquel simple gesto.

Daniel tomó mi equipaje y lo puso en la cabina del piloto. Casi al mismo tiempo, este se giró hacia nosotros.

—¡Hemos llegado, señor Wheelock!

El hombretón asintió y me dirigió una de aquellas miradas tan desconcertantes.

—Entonces, ¿estás dispuesto a esforzarte por dejar atrás todo ese sufrimiento?

—Sí. Lo que haga falta —afirmé decidido.

—Perfecto. Entonces ya puedes empezar a quitarte la ropa.

• • •

El helicóptero había dejado de avanzar y se mantenía estático a pocos metros sobre el mar.

—¿Disculpa? —pregunté un tanto conmocionado.

Daniel se incorporó y empezó a desabrocharse la camisa con parsimonia.

—Ya hemos llegado a nuestro destino —anunció.

Miré hacia donde señalaba. Efectivamente, no muy lejos de donde nos encontrábamos se divisaba una pequeña playa cubierta de frondosa vegetación tropical.

Noté cómo se me aceleraba el pulso mientras mi cerebro empezaba a comprender lo que estaba pasando.

—¿Disculpa? —volví a preguntar. Era incapaz de decir nada más.

Advertí que Daniel reprimía una sonrisa mientras se sacaba los zapatos.

—Nuestro objetivo es aquella isla —explicó con actitud paciente—. Pasaremos una temporada allí hasta que completes la primera fase de tu entrenamiento. Debido a la vegetación y a la inclinación de la playa no es seguro que el helicóptero aterrice allí. Tampoco quiero que saltes hasta la arena. No te ofendas, amigo, pero estás en baja forma y no me gustaría que te rompieras una pierna. Es mucho más seguro que saltemos al mar.

Se quitó los pantalones y, tirando de una manija, abrió el portón lateral del helicóptero. El sonido de las hélices y una nube de agua de mar vaporizada me abofetearon el rostro, sacudiéndome el aturdimiento en el acto.

–Pero, Daniel, ¡esto es una locura! ¡No soy capaz de hacer algo así! –vociferé por encima de aquel ruido infernal.

–Sabes nadar, ¿no?

–¡¿Qué?!

–¡Que si sabes nadar!

–Sí, ¡claro! Pero...

–Pues entonces no te preocupes. Yo saltaré después de ti. Y quítate esa ropa. Te molestará para llegar hasta la playa.

Me quedé allí sentado, sin hacer nada, mirando a aquel millonario excéntrico y tratando de entender cómo había llegado hasta aquella situación.

–Nicolas, recuerda lo que hablamos en el avión. **Recuerda tu compromiso**. Ya sabes de dónde vienes y también hacia dónde puedes ir. Ahora no lo comprendes, pero te aseguro que este salto es muy importante para ti... En este preciso instante tienes que decidir, y se trata de una decisión fundamental: ¿quién quieres que gobierne tu vida, tus temores o tu voluntad de prosperar?

En realidad yo ya me había hecho aquella pregunta,

justo antes de decidir embarcarme en aquella extraña aventura.

—Maldito seas —masculé, mientras empezaba a desatarme los zapatos. Tenía que averiguar cómo lo hacía aquel tipo para convencerme con tanta facilidad.

Una vez en ropa interior, me aproximé con cautela hasta la puerta abierta. El ruido de las hélices retumbaba en mi pecho y el agua se agitaba en círculos a unos cinco metros bajo nosotros.

Jamás el mar me había parecido tan amenazador.

—¿Aquí no hay tiburones? —pregunté.

—Lo cierto es que en esta zona son una auténtica plaga —respondió Daniel muy serio—. Pero mientras no caigas encima de uno, es completamente seguro —añadió mientras me guiñaba un ojo.

No podía creer que estuviera bromeando.

—Vamos Nicolas, no me mires así. Solo bromeaba un poco para quitarle seriedad al asunto. Tan solo junta los brazos cuando saltes y déjate caer. No pienses más o le entregarás el control a tus miedos. Ahora es el momento. ¡Vamos! ¡Vamos! ¡Vamos!

• • •

Cuando mis pies tocaron la arena a unos veinte metros de la playa, empecé a pensar que, después de todo, no moriría ahogado.

El agua era sorprendentemente cálida y tenía aquella transparencia turquesa propia de los paraísos tropicales. Habíamos nadado poco más de quince minutos, pero el trayecto se me había hecho eterno. Ahora sabía lo que sentía el náufrago que alcanzaba la salvación de la orilla. Cuando alcancé la playa, estaba tan exhausto que me derrumbé mientras rezaba para que no se me parara el corazón por el esfuerzo.

Curiosamente, a pesar de todo aquel cansancio físico, noté que una parte de mí se sentía especialmente bien por haber logrado llegar hasta allí.

Tras recuperar un poco el aliento, observé el lugar en el que me encontraba. Era una pequeña playa de arena blanca que se perdía entre palmeras. Un estrecho sendero hecho de tablones de madera surgía del mar y se adentraba en la vegetación.

Aquel discreto signo de civilización me hizo sentir cierto alivio. Entonces se me ocurrió algo disparatado.

–No me digas... que esta isla es tuya.

Daniel sonrió, mientras se entretenía enterrando los pies en la fina arena. No parecía cansado en absoluto.

—No exactamente —respondió—. Pertenece al Gobierno francés, con el que tengo buenas relaciones. Es por eso que me permite usarla siempre que lo necesite. Este lugar es uno de mis espacios favoritos de descanso y regeneración personal.

En aquel momento, el helicóptero surgió de algún lugar del interior de la isla y se detuvo unos segundos por encima de nosotros mientras el piloto nos saludaba. Luego se alejó mar adentro. No pude evitar sentir cierto desasosiego al contemplar cómo nos quedábamos sin el único transporte que nos había llevado hasta aquel lugar remoto.

—¿Cuándo volverá a buscarnos?

—Si no surgen imprevistos, cuando tú estés listo.

—Ya veo, y ¿a qué hora calculas que lo estaré?

—¿Hora? —dijo entre carcajadas, mientras caminaba hacia el sendero de madera—. ¿Sabes? Tus ocurrencias son especialmente divertidas, Nicolas. Ven. Acompáñame, anda.

Yo no le veía la gracia al asunto por ningún lado, pero me levanté pesadamente y seguí sus pasos.

En un par de minutos llegamos hasta un gran espacio libre de vegetación donde había una cabaña hecha con gruesos troncos. Justo delante del pequeño porche se apreciaban una serie de cajas esparcidas por el suelo de forma caótica. Me acerqué con curiosidad, mientras Daniel abría la puerta de la cabaña con la actitud despreocupada de quien se encuentra en su propia casa.

Reparé que en el suelo, en medio de aquella superficie desbrozada, había unas marcas extrañas. Parecían las huellas de un helicóptero que hubiera aterrizado allí... Y ¡eran recientes!

Entonces, en aquel momento, lo comprendí. Estaba atrapado en aquella isla, probablemente con un demente, y no tenía escapatoria.

# CAPÍTULO 5

# CUIDANDO AL ANIMAL

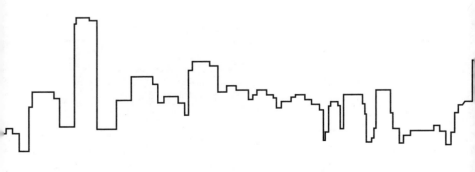

**D**aniel me escuchaba con indignante paciencia, mientras yo le gritaba todos los improperios que se me pasaban por la cabeza.

–Reconozco que te he mentido, Nicolas –repuso con tranquilidad tras esperar a que me calmara un poco–. El helicóptero podría habernos traído hasta aquí, es cierto, pero el hecho de que saltaras al mar y hayas conseguido alcanzar este lugar por tus propios medios es una experiencia muy valiosa. Respóndeme con sinceridad, ¿cómo te sentiste cuando alcanzaste la playa?

Me había sentido bien. Mejor de lo que recordaba en mucho tiempo, en realidad. Pero en aquel momento no deseaba reconocerlo, así que guardé silencio.

Daniel sonrió como si supiera lo que yo estaba pensando.

—Verás, la idea es permanecer aquí unos cuantos días —explicó—. Tenemos provisiones de sobra para varias semanas. Estamos comunicados por si necesitáramos cualquier cosa y conozco este lugar como la palma de mi mano. Te aseguro que no corremos ningún peligro. Tómatelo como unas vacaciones regeneradoras.

—Así que unos cuantos días... —masculló todavía de mal humor.

—El tiempo que necesites hasta que consigas cambiar tus hábitos de cuidado físico.

—Y ¿qué se supone que significa eso?

—Significa que tu condición física es lamentable y que **es prioritario que aprendas a cuidar y respetar mejor tu cuerpo**. Tienes toallas y ropa dentro. Cámbiate, por favor, y te explicaré algo más al respecto.

Entré en la cabaña, refunfuñando solo porque no quería estar más tiempo con aquella pinta de náufrago. Me sorprendió comprobar lo bien acondicionado que estaba ese lugar. Una sala diáfana de aspecto ordenado y confortable se extendía ante mí, con una salita de estar, una pequeña cocina equipada y dos pequeños dormitorios al fondo. Varios ventiladores giraban en el techo, lo cual significaba que allí había corriente eléctrica. Saberlo resultó un alivio. Junto a la entrada, una gran estantería repleta de libros ascendía hasta el techo.

Encontré una toalla de playa limpia, un bañador y ropa ligera de lino cuidadosamente plegada. Cuando salí de la pequeña vivienda, Daniel me estaba esperando sentado en la arena bajo una gran palmera.

—Toma asiento. Me gustaría explicarte lo que vamos a hacer aquí.

»Ya hemos hablado sobre el concepto de riqueza y hemos visto que no se trata solamente de una cuestión de dinero. Como vimos al analizar los sectores vitales, existen otros factores que determinan la calidad de la llamada "riqueza exterior". También he mencionado que dicha riqueza exterior no es más que la consecuencia de una buena gestión de nuestra riqueza interior.

—Sí. Pero todavía no entiendo qué quieres decir exactamente con todo eso de la riqueza interior.

—Vamos a ello. Todo se reduce a la siguiente cuestión: cualquier cosa que puedas percibir o imaginar está formada por energía. Sin embargo, dicha energía posee diferentes propiedades en función de su densidad.

—¿Densidad?

—Así es. Como el hierro es más denso que el corcho o una piedra es más densa que el agua, la energía también posee una naturaleza más o menos consistente, siendo el mundo material que podemos percibir con nuestros sentidos su manifestación más densa.

»Esta regla también es aplicable a la constitución del ser humano, de tal modo que estamos formados por varios tipos de energía de diferentes densidades. El aspecto más denso es nuestro cuerpo físico. A continuación, con una naturaleza más sutil, tenemos nuestro mundo emocional y, todavía más sutil, nuestro aspecto mental. Al conjunto de estos tres niveles, físico, emocional y mental, solemos llamarlo "personalidad" o "ego".

—Espera un momento —interrumpí—. ¿No son los budistas los que dicen que no hay que tener ego?

—Digamos que existe bastante confusión sobre este tema —admitió Daniel—. Hay que entender que las personas estamos formadas por más niveles de energía, además de los tres mencionados. El cuarto nivel de nuestra energía es todavía más sutil que la propia mente, y algunos se refieren a él como "nivel transpersonal". De ese lugar surge la verdadera voz de nuestra intuición, así como todas y cada una de nuestras cualidades más poderosas.

»Desde las culturas orientales, históricamente mucho más avanzadas en el conocimiento de nuestro mundo interior, se ha insistido mucho en la idea de que ese "paquete" energético físico, emocional y mental llamado "ego" debe ser dominado por nuestra parte más elevada. Es en este punto en el que muchos hacen una interpretación incorrecta, ya que dominar no quiere decir que esos tres niveles deban eliminarse, sino que deben ser dirigidos por un nivel superior.

»Sin embargo, antes de ser capaces de lograr algo así debemos asegurarnos de que dicho ego esté en buen estado. Es un error preocuparse del nivel transpersonal cuando nuestro físico, nuestras emociones o nuestra mente no se encuentran en un buen estado de salud. ¿Me sigues?

–Creo que sí. Un tanto metafísico, todo esto...

–Pues sí –coincidió Daniel–, pero es imprescindible para que puedas entender tu objetivo en esta pequeña isla.

»Cuando sufrimos una fuerte crisis personal, los tres tipos de energía que forman nuestro ego disminuyen hasta colapsar. Nos sentimos físicamente agotados, nos dominan nuestras emociones negativas y nuestra mente está dispersa, hiperactiva y anclada en el pesimismo.

—Es cierto. Todo eso me resulta familiar —mencioné con amargura.

—Como ya te expliqué, existen multitud de métodos para tratar de mejorar un ego en mala forma. Sin embargo, el más eficiente que conozco es aquel que contempla un trabajo en sus tres niveles y que, además, sigue un orden correcto.

—¿Qué quieres decir con eso del orden?

—Pues que no es buena idea empezar por cualquier sitio. Lo más eficiente siempre es iniciar el trabajo de recuperación desde el nivel más denso e ir avanzando hacia el más sutil. Y eso significa que debemos empezar trabajando con tu cuerpo físico.

Reflexioné sobre aquello. Era cierto que últimamente había descuidado un poco mi salud, pero ¿hasta qué punto iba a ayudarme con mis problemas el hecho de ponerme un poco más en forma?

Seguía sin ver muy claro todo aquello, pero preferí guardar silencio.

• • •

Daniel se levantó con agilidad y se puso a caminar descalzo de nuevo en dirección a la playa.

—¡Vamos, acompáñame!

Mientras seguía sus pasos a través del sendero de tablones, continuó con su explicación.

—Verás, nuestro cuerpo físico es como un animal con el que convivimos de un modo muy especial.

—Perdona, ¿has dicho animal?

—Sí, exactamente —confirmó—. Un animal con millones de años de instintos grabados en cada una de sus células, con fortalezas y debilidades genéticas, y también con su propia inteligencia. ¡Jamás tendrás un animal de compañía más importante que tu propio cuerpo! Si no lo tratas con cariño y disciplina, sus niveles de energía descenderán, y tarde o temprano acabará haciéndote saber su malestar con algún tipo de enfermedad, de mayor o menor gravedad.

»Por otro lado, ese animal mantiene un estrecho contacto con nuestro aspecto emocional y es capaz de influir en él de forma poderosa. Eso significa que si tu cuerpo no está bien, será difícil que tu estado emocional sea óptimo.

—¿Me estás diciendo que si me centro en cuidar mi salud física, van a desaparecer todos mis problemas?

—¡En absoluto! Lo que quiero decir es que la manera más eficaz para sentirse mejor es empezar por ahí.

En aquel momento llegamos a la playa. Miré hacia el mar, terminando de asimilar el recuerdo surrealista de mí mismo llegando a nado hasta aquel lugar. Daniel enterró de nuevo sus largos pies en la arena blanca y, abriendo de par en par los brazos, inspiró profundamente con los ojos cerrados. Realmente parecía estar disfrutando de la isla.

—El factor número uno para que un cuerpo se encuentre en su mejor estado es la vitalidad —afirmó—. Quiero que entiendas la **vitalidad** como el verdadero combustible que pone en marcha nuestro físico. Se trata del factor que permite el correcto funcionamiento de cada una de nuestras células. Cuando somos niños, nuestros cuerpos rebosan vitalidad y parece que esta nunca puede agotarse. Sin embargo, conforme pasan los años y nos volvemos seres psicológicamente más complejos, la cosa suele empezar a cambiar.

—Pues sí —corroboré con melancolía, mientras observaba mi abultada barriga.

—Pero la cuestión importante aquí es que existen técnicas que nos permiten recargar nuestro cuerpo con toda la vitalidad que necesitemos y podemos utilizarlas siempre que queramos.

—Parece interesante.

—Además de la técnica propiamente dicha, debes conocer las fuentes que contienen esa energía. De ellas, la principal es el sol. Nuestro astro rey es la fuente principal de vida y el factor fundamental para que este planeta funcione, lo cual ya debería ser pista suficiente para entender que su influencia en nosotros debe ser beneficiosa.

»La fuente secundaria más importante es la propia naturaleza, ya que, entendida de forma puramente energética, no es más que un sistema acumulador de vitalidad. Por tanto, mientras más sol y más naturaleza, más energía vital disponible.

—Empiezo a entender por qué te gusta tanto este lugar...

—Existen diversas técnicas para absorber energía vital del ambiente. La mayoría son disciplinas que proceden de oriente, tales como el *chi kung* chino o la respiración *pranayama* hindú. Yo utilizo un sistema propio que aúna la respiración, la visualización y la influencia del sol. Lo llamo "respiración solar".

»Por favor, siéntate a mi lado y te explicaré el procedimiento. Este ejercicio resulta más eficaz si permites que los rayos solares alcancen directamente tu cuerpo.

Sin la camiseta, me senté con el sol a nuestra espalda.

—Se trata de llevar tu atención a la zona superior de la espalda, ya que es la zona más importante para la absorción de energía vital. Imagina que abres ahí una pequeña puerta y, mientras inhalas, absorbes hacia tu interior el calor del sol. En la exhalación, imagina que dicha calidez se extiende por tu cuerpo hasta los dedos de los pies y de las manos. Y después repites el proceso de nuevo. Inhalas calor por la espalda y lo repartes. Inhalas y repartes...

Estuvimos practicando unos diez minutos. Luego Daniel se levantó y me dijo que era recomendable moverse un poco tras aquel ejercicio. Empezamos a caminar a buen ritmo, arriba y abajo por la pequeña playa, y en pocos minutos yo ya estaba jadeando por el esfuerzo.

—La respiración solar será la primera rutina diaria que te recomiendo implementar. Tendrás que insistir cada día durante unos cinco o diez minutos para empezar a notar sus efectos. Puedes practicar esta técnica en cualquier lugar. Si no hay posibilidad de acceder al sol, la claridad que pase a través de una ventana será suficiente. Sin embargo, cuanta más naturaleza haya a tu alrededor, más eficaz será el ejercicio.

»Por otro lado, además de la vitalidad, también

es importante mantenerse en buena forma física. Eso significa tener un buen tono muscular y una buena capacidad cardiorrespiratoria. Tan solo conozco un modo de conseguir algo así, y es permitir que el cuerpo físico haga aquello para lo que está programado desde hace millones de años, ¡moverse! O practicar eso que ahora llamamos "ejercicio". ¿Me sigues?

—Creo... que sí... —jadeé mientras trataba de no quedarme atrás. Caminar por la arena siguiendo el ritmo de las inmensas zancadas de Daniel resultaba agotador.

Mi instructor se detuvo de inmediato.

—Disculpa. No recordaba que ya has hecho un importante esfuerzo nadando hasta aquí. Vamos a estirar un poco y eso será todo por hoy.

Cuando acabamos, me sentía entre cansado y estimulado al mismo tiempo. Era una sensación extraña, pero agradable, y, de alguna manera, me ayudaba a no pensar tanto en mis preocupaciones.

• • •

—Esta isla era una antigua base militar francesa y gracias a ello dispone de grandes depósitos de agua potable

—comentó mi anfitrión mientras ponía a calentar una olla en la cocina–. También tiene corriente eléctrica. Hace años me encargué de instalar un sistema de placas solares para aprovechar la abundante radiación solar de este lugar. Como te dije, disponemos de todo lo necesario para estar cómodos unos cuantos días.

–Y ¡no sabes cómo lo agradezco! –exclamé–. Cuando llegamos aquí nadando, pensé que tendríamos que sobrevivir comiendo cocos.

–De hecho –dijo Daniel entre risas, mientras cortaba verduras–, la correcta alimentación es otro punto fundamental para mantener en el nivel óptimo nuestra energía física.

»Mis principios para una alimentación saludable son bastante sencillos. En primer lugar, evitar en lo posible el consumo de tóxicos. Me refiero a drogas, alcohol, tabaco y comida basura de bajo valor nutricional.

Aquello me recordó que llevaba una barbaridad de horas sin probar ni una gota de alcohol. De inmediato empecé a notar una desagradable y creciente angustia en la base de la garganta, pero traté de no prestarle demasiada atención.

–En segundo lugar, priorizar el consumo de vegetales, carnes y legumbres, por encima de los alimentos a base de harinas refinadas o productos industrializados.

»El tercer principio consiste en no comer más de lo necesario. Actualmente hay centenares de estudios y teorías sobre nutrición, pero una de las cuestiones sobre las que parece haber más consenso es que comer demasiado termina acortando la vida de una forma u otra. Este principio implica comer varias veces en menores cantidades.

»Mi última regla sobre nutrición quizá sea la más importante. Como no todos tenemos el mismo metabolismo y lo que a mí me sienta estupendamente a ti quizá no tanto, resulta necesario observar qué efecto nos producen los alimentos que ingerimos. ¿Nos provocan problemas digestivos? ¿Nos dejan con hambre o insatisfacción? ¿Nos empachan o nos hacen sentir saturados? Si nos vamos observando, en poco tiempo sabremos qué alimentos y combinaciones de ellos son los que mejor se ajustan a las necesidades de nuestro cuerpo físico.

Traté de recordar qué cosas no me sentaban demasiado bien, pero en aquel momento solo podía pensar en una jarra de cerveza bien fría.

—¿Por qué es tan importante esto de la alimentación? —pregunté sin poder evitar un tono de impaciencia.

—Es importante porque se trata de un factor que influye mucho en nuestra cantidad de energía física disponible. Si comes poco, comes demasiado o comes mal, tendrás menos vitalidad y tu estado de ánimo será peor.

»Algunos opinan que desde la mente es posible revertir cualquier estado emocional negativo. Yo estoy de acuerdo, ya que el nivel mental es más sutil y poderoso que el emocional o el físico y, por lo tanto, gobierna sobre ellos. Sin embargo, resulta mucho más difícil lograrlo si estamos intoxicados o mal alimentados.

—Creo que no te sigo...

—Tú mismo eres el mejor ejemplo para entenderlo, Nicolas. Tu crisis te ha llevado al abandono físico y al impulso de intoxicarte con alcohol para paliar tu sufrimiento. Si no atendemos primero a esas cuestiones que te roban la vitalidad física, te resultará muy difícil liberarte de tu estado anímico negativo, por muchos esfuerzos mentales que hagas para lograrlo.

—Claro, ahora lo entiendo —bufé molesto entre dientes. No me había gustado mucho aquel ejemplo.

• • •

Después de cenar nos sentamos en las sillas del pequeño porche de madera. El sol empezaba a descender, creando bellas sombras entre las hojas de las palmeras.

Había encontrado mi cuaderno en una de las cajas de provisiones, Daniel debía haber dado instrucciones de que lo trajeran, así que me dediqué a añadir algunas notas, mientras mi compañero miraba la puesta de sol con expresión ausente.

–Bueno, hemos hablado de ejercicio y de alimentación –dije al cabo de un rato, en parte para romper un silencio que empezaba a incomodarme–. ¿Qué otra cosa necesito tener en cuenta?

–El tercer factor físico es el descanso adecuado. De nada sirve ejercitarse como un atleta y alimentar el cuerpo de forma perfecta si no hay un buen periodo de recuperación.

–Pero ¿también hay una forma adecuada para eso?

–Pues sí. El cuerpo físico necesita reparar los estropicios que le ocasionamos a lo largo del día y requiere un mínimo de tiempo para lograrlo de forma eficaz. Como norma general, necesitamos entre seis y ocho horas de sueño de calidad para descansar correctamente.

–De... ¿calidad?

–Me refiero a la capacidad de sumergirnos en

estados de sueño profundo. Cuando nuestro sistema nervioso está alterado, o no estamos cómodos, o hay luz o ruido, o cualquier otro factor que nos altere, entonces no somos capaces de permanecer las horas necesarias en ese estado regenerador.

Aquello me recordó que dentro de la maleta que se había quedado en el helicóptero tenía mis píldoras para dormir. Decidí no comentarle aquello a Daniel, pero estaba claro que mi calidad de sueño estaba destinada a ser un desastre. Sin aquellas píldoras no podía pegar un ojo.

—También es importante ajustarnos todo lo posible a las horas de luz solar. Es una costumbre que hemos ido perdiendo, debido, en parte, al uso de la iluminación artificial. Sin embargo, el hecho de seguir el horario del sol implica una mejoría muy importante en eso que llamo "calidad del sueño". Tú mismo podrás comprobarlo a lo largo de los próximos días. Y dicho esto, ¡a dormir! —exclamó de repente mientras estiraba las piernas.

—Pero ¡si no son ni las ocho!

—Perfecto, porque amanece poco antes de las cinco, y a esa hora ya estaremos en pie con los ejercicios matutinos. Tu dormitorio es el de la izquierda. Trata de descansar todo lo posible. Buenas noches, Nicolas.

Y, sin más, entró en silencio en la cabaña.

Yo miré de nuevo a lo lejos, sin saber qué hacer. En aquel instante desaparecía el último rayo de sol que trataba de colarse entre la vegetación.

—Esto va a ser mucho más difícil de lo que imaginaba —masculló malhumorado mientras apuraba la taza.

## CAPÍTULO 6

# CUESTIÓN DE HÁBITOS

Las aguas de un océano tormentoso estaban a punto de devorarme cuando unos golpes inesperados me rescataron de la pesadilla.

Alguien llamaba a la puerta.

Miré hacia mi muñeca solo para recordar que mi reloj se había quedado junto al resto del equipaje en aquel helicóptero. Aturdido, giré el rostro hacia la ventana. Era noche cerrada.

—Nicolas, despierta —dijo Daniel tras la puerta—. ¡Es hora de ponerse en marcha!

Ponerse en marcha... Había pasado la mitad del tiempo despierto mirando la bombilla encendida de la habitación y la otra mirad dando vueltas en la cama. Siempre me había preguntado por qué razón uno solo se duerme cuando sabe que falta muy poco para tener que levantarse.

—Voy —musité con una voz ronca de ultratumba, mientras me incorporaba con gran esfuerzo. Si estábamos en aquella isla para cargar las pilas del cuerpo, la cosa no marchaba bien, pues me sentía más agotado que nunca.

Salí del dormitorio, arrastrando los pies. Daniel me estaba esperando en la puerta con una taza en la mano.

—Por favor, dime que es un café bien cargado.

—¡En absoluto! Los estimulantes no te ayudarán, Nicolas. Es agua, jugo de limón y un poco de miel. Necesitamos hidratarnos después de dormir, ¿sabes? —explicó, mientras insistía con la taza.

La tomé solo porque no me sentía con fuerzas para discutir. Arrugué el gesto. Esperaba que el brebaje estuviera más dulce.

—Vamos, acompáñame. No quiero que nos perdamos el espectáculo.

Salimos de la cabaña y tomamos el sendero en dirección a la playa.

—Está a punto de amanecer y es el momento de realizar nuestro primer ejercicio del día —dijo al llegar, señalando dos toallas extendidas en la arena—.

Simplemente ponte cómodo, guarda silencio y no dejes de observar el sol.

Tras los bonitos colores del alba, el dorado astro hizo su aparición sobre el horizonte y yo seguí las instrucciones de Daniel, mientras él también miraba hacia el sol en silencio.

—Bien. Es suficiente —anunció una vez transcurridos unos cinco minutos—. Haremos este sencillo ejercicio todos los días. El observar la luz solar directa te ayudará con el insomnio y sentará las bases para cuando, más adelante, trabajemos en tu mente.

—¿Cómo sabes que tengo insomnio?

—¡Solo hay que verte la cara, hombre! —argumentó el hombretón mientras se ponía en pie de un salto y me soltaba una palmada en la espalda—. Vamos a movernos un poco, anda.

Entonces se puso a correr de arriba abajo por la playa, mientras yo trataba de seguirlo caminando todo lo rápido que podía.

—Daniel, espero que no pretendas que practique todos estos ejercicios cuando vuelva a la vida real... —dije resoplando como un buey. Habían pasado solo unos minutos y ya estaba empapado en sudor—. La verdad, no lo veo... factible.

Mi compañero asintió levemente, como si esperara aquel comentario.

—Tu estancia aquí persigue varios objetivos. En primer lugar, te ayudará en gran medida a salir de esa burbuja de monotonía que te mantenía psicológicamente anclado al dolor del pasado.

»En segundo lugar, todos estos ejercicios, en este paraje natural, solo pretenden ayudarte a que obtengas un mínimo de vitalidad y salud para que podamos seguir con tu entrenamiento. Todo aquel que se encuentra en una etapa difícil de su vida debería plantearse un mínimo de tres o cuatro semanas de exclusivo cuidado físico antes de aventurarse en un nuevo proyecto. Transcurrido ese tiempo, no suele hacer falta dedicar tanto tiempo al aspecto físico.

—Ya veo... —jadeé—. Pero yo no tengo una isla en la ciudad, ¿sabes? ¿Cómo esperas que haga todo lo que me propones en mi casa?

—Todas las rutinas que aprendas aquí podrás realizarlas casi en cualquier parte, aunque para ello tendrás que crear tus propios hábitos.

—No lo sé... Me parece que eso es algo que no se me va a dar muy bien. Últimamente cualquier cambio se me hace una auténtica montaña.

—Ten confianza. Te resultará mucho más fácil cuando tu cuerpo empiece a recibir mejores cuidados y disponga de más vitalidad.

»La creación de **nuevos hábitos** es un proceso que sigue varias etapas. Al principio es recomendable disponer del entorno más propicio posible y una regularidad de horarios. Si quieres dejar de fumar, no lo hagas en un bar. Si quieres hacer algo cada día que requiere tu concentración, no lo hagas en un lugar lleno de distracciones. ¿Comprendes? Por eso estamos en este lugar y somos tan estrictos con los horarios.

»Si consigues mantenerte firme en esta primera etapa, empezarás a ver resultados que alimentarán tu motivación, y ya habrás superado lo más duro. En este sentido, suele ser más difícil crear una chispa que alimentar la hoguera.

»Tú mismo comprobarás que, al final del proceso, los hábitos pasarán a formar parte de ti. Entonces no importará dónde estés o qué horarios sigas, o no tener a otra persona que te acompañe. Encontrarás siempre un modo de realizar tus rutinas, te lo aseguro.

—Está bien —concedí—. Tengo entendido que es necesario insistir durante veintiún días. —Era algo que me sonaba haber leído en algún lugar.

—Se trata solo de una referencia aproximada. Lo de los veintiún días surgió de las observaciones de un cirujano, el cual reparó en que las personas que habían sufrido amputaciones necesitaban ese periodo para adaptarse a un cambio tan terrible.

»Sin embargo, investigaciones recientes han estimado que, en realidad, el tiempo es muy variable en función del perfil psicológico de cada persona y del tipo de hábito que se pretenda instaurar. De hecho, se ha calculado que el tiempo medio es de sesenta y seis días. Pasado ese tiempo, cualquiera es capaz de automatizar en su vida una nueva acción.

—Eso es algo más de dos meses. ¡Me parece mucho tiempo!

—Bueno, mucho o poco es relativo, ¿no te parece? Piensa que con cada pequeño hábito instaurado obtienes una nueva dosis de autoconfianza, y también la certeza, cada vez más profunda, de que realmente puedes conseguir cualquier cosa que te propongas.

• • •

Reflexioné sobre todo aquello mientras regresábamos a la cabaña. Desayunamos huevos, nueces, dátiles y aguacates. Fue el desayuno más extraño de mi vida y, aunque no estaba mal, extrañaba un café con leche... con un chorrito de coñac.

Después nos sentamos de nuevo en el porche.

—¿Vienes aquí muy a menudo? —pregunté.

—Normalmente, una vez al año —respondió con actitud relajada—. Son unos días que aprovecho para descansar y regenerarme. Hubo un tiempo en que necesité venir largas temporadas para enfrentarme a mis propias crisis...

No era la primera vez que mencionaba aquello y me pregunté qué había podido ocurrir para hundir a un tipo como Daniel.

—Yo también he pasado por dolorosas tormentas, Nicolas, y te aseguro que cada una de ellas ha merecido la pena. Ya te dije que sé por lo que estás pasando y que mi intención es ayudarte.

—Lo siento, pero no te entiendo —reconocí en voz baja, con cierta confusión.

—No te preocupes. Te garantizo que cuando acabes esta formación, te conocerás a ti mismo de un modo que nunca has imaginado. Y ello también te permitirá comprender mejor a los que te rodean, incluido yo.

•••

Los días pasaron sin darme cuenta mientras repetíamos cada día la misma secuencia de actividades, siempre siguiendo fielmente el horario del sol. Daniel no dejaba de insistir en que el hecho de respetar un ritmo facilitaba la recuperación de mi energía física y, al mismo tiempo, me ayudaba a afianzar los nuevos hábitos.

Y lo cierto es que mi cuerpo empezó a cambiar.

No teníamos ninguna báscula en la isla, pero era evidente que estaba perdiendo grasa y ganando musculatura a un ritmo desconcertante. Empecé a dormir mejor y a sentirme como no recordaba hacía mucho tiempo. Mi piel se bronceó y mi aspecto de cadáver deprimido se transformó en el de un tipo que volvía de unas largas y relajantes vacaciones. Por si todo eso fuera poco, mi anhelo de alcohol cada vez era menos frecuente.

Era evidente que cada vez me sentía mejor. Sin embargo, no conseguía dejar de pensar en el día en que me habían despedido o en el momento en el que Sara me abandonó.

**La rabia y el dolor volvían**, entonces, con más fuerza que nunca.

• • •

—Hemos concluido la primera etapa de tu preparación —anunció Daniel, inesperadamente, una tarde tras la cena. Luego guardó silencio.

Los días de convivencia con aquel hombre me habían enseñado a conocer mejor aquellos momentos de silencio y sabía que, en ocasiones, se tomaba su tiempo a la hora de expresar algo.

—Lo has hecho bien —añadió finalmente—. Tu cuerpo todavía es capaz de disponer de más energía vital, pero creo que has alcanzado el mínimo necesario para pasar a la segunda etapa.

—Y supongo que no me dirás en qué consiste —comenté con cierta resignación.

—Te puedo decir que mañana nos vamos. Hace un rato he hablado con mi equipo de colaboradores. Tengo una reunión importante a la que quiero que me acompañes.

—¿Una reunión? Está bien. ¿Tendremos que ir muy lejos?

—No mucho. ¿Has estado alguna vez en Kenia?

## CAPÍTULO 7

# EL DEMONIO

¡**A**h! ¡Benditas sean la civilización y sus comodidades! –exclamé mientras me acomodaba en el butacón del lujoso *jet* con manifiesta satisfacción.

Daniel observó mi actitud complacida con una expresión que avecinaba algún tipo de comentario.

–El mejor modo de disfrutar de las comodidades de la vida consiste en dejar de necesitarlas, y eso solo es posible una vez que hemos descubierto nuestra riqueza interior –aseguró con especial rotundidad–. Sin alcanzar dicho logro, todo lujo acaba convirtiéndose en una monotonía superficial, una jaula dorada que no hace más que resaltar la urgente necesidad de mirar hacia nuestro interior. Te aseguro que ni todas las riquezas del mundo son suficientes para satisfacer nuestras carencias personales.

Miré a mi compañero e instructor con cierto fastidio. Su breve disertación había conseguido que me sintiera algo culpable.

Sin embargo, Daniel palmeó mi hombro con una sonrisa y se sentó frente a mí.

—No me malinterpretes. Acomódate y disfruta del viaje. Es solo que el tema del dinero nos ciega de forma especialmente dañina y quiero asegurarme de que comprendes mi punto de vista. No quisiera que mis recursos materiales contribuyeran a confundirte. Además —añadió en tono casual—, está bien que aproveches estas comodidades. Te aseguro que van a desaparecer en breve.

• • •

Después de unas tres horas de vuelo aterrizamos en un pequeño aeropuerto que no tenía ningún aspecto de ser el de la capital del país. Daniel me explicó que nos encontrábamos en Lokichogio, la ciudad con la pista de aterrizaje más cercana al lugar adonde debíamos dirigirnos ahora.

Hacía un calor abrasador y no estaba de muy buen humor, así que agradecí el aire acondicionado del todoterreno que nos esperaba en la pista. Daniel hablaba en francés en el asiento de al lado con el móvil pegado a la oreja. Todavía no había visto en aquel hombre un solo gesto de preocupación, y en aquella ocasión parecía especialmente colmado de felicidad.

—Tardaremos unas dos horas en llegar —dijo tras colgar—. Te recomiendo que observes el paisaje. —Y dicho esto, cerró los ojos y se puso a dormir con una enigmática sonrisa en el rostro.

Avanzábamos por una destartalada carretera de rectas infinitas. Aquel lugar era un terreno yermo, seco e interminable, donde el calor no había dejado ni rastro de vegetación, humedad o presencia humana.

Por mucho que me devanara los sesos, no era capaz de imaginar a qué tipo de reunión de negocios teníamos que asistir en un lugar como aquel.

—¿Qué te parece? —preguntó Daniel al cabo de un rato, aún con los ojos cerrados.

—Me parece que es el lugar más desolador que he visto en mi vida.

—En efecto. La cuestión, mi querido amigo, es que tus emociones se encuentran en un estado parecido.

Aparentemente solo hay desolación y ni rastro de vida.

—¡No me digas que me has traído hasta aquí solo por esa triste metáfora! —repliqué, enfadado.

—Estamos aquí porque quiero compartir contigo un éxito profesional —explicó Daniel, completamente ajeno a mi mal humor—. Pero aprovecho la coyuntura para enseñarte algo sobre tu mundo interior.

»Estamos en Turkana, la región más árida de Kenia. Al igual que pasa con tu estado emocional, este es uno de los lugares más desagradables y endurecidos del mundo. Sin embargo, más allá de las evidencias, aquí hay mucha vida. En esta región viven más de un millón de personas, la mayoría nómadas que luchan cada día para encontrar agua y alimentos.

—¿Agua, aquí? Debes de estar bromeando. Hasta la humedad del ambiente desaparece al instante con este sol. Mira este paisaje. ¡Aquí no llueve desde hace una eternidad!

—La vida siempre está presente, aunque no seamos capaces de percibirla. ¡Siempre! —Lo enfatizó con el dedo—. No importa lo inhóspito que sea el paisaje, no importa lo desesperada que sea la situación ni lo doloroso que sea lo que sintamos. La vida siempre está ahí. Y donde hay vida, hay esperanza.

—No sé adónde quieres ir a parar con todo esto, la verdad —dije, cruzándome de brazos.

—Pronto lo entenderás. Trata de no dejarte llevar por tu mal humor y presta atención a mis palabras —contestó Daniel, como si le hablara a un niño—. Ya te he dicho que nuestro mundo interior está compuesto de energías más o menos sutiles. El aspecto físico es nuestra manifestación de mayor densidad y te he dado pautas suficientes para que puedas enriquecerlo.

»Pero nuestras emociones también se ordenan según su densidad. Las más sutiles y refinadas son las más poderosas y suelen ocultarse tras una tosca capa de emociones desagradables y pesadas.

—Ya veo. Como mi mal humor, ¿no? —masculié entre dientes mientras miraba por la ventanilla.

—Tú lo has dicho —dijo Daniel, sonriendo con amabilidad—. De hecho, la rabia es la más superficial de ellas. Como el paisaje que estás viendo, tiene un aspecto muy agresivo. Bajo la rabia, y muy próxima a ella, solemos encontrar la tristeza y todas las emociones relacionadas. Aún a mayor profundidad se encuentran nuestros temores, y en los lugares más recónditos de nuestro subconsciente suele ocultarse la culpa.

»Sin embargo, si nos atrevemos a profundizar a

través de todas esas capas emocionales, podremos ir descubriendo nuestros sentimientos más nobles. Y eso —añadió, mirándome a los ojos— es algo que todo aquel que aspire a poseer verdadera riqueza deberá experimentar de un modo u otro.

• • •

El todoterreno salió de la carretera para tomar una pista de tierra rojiza. Avanzamos unos minutos hasta llegar a una pequeña aglomeración de vehículos aparcados de forma caótica. Había furgonetas, todoterrenos y autos oficiales con vidrios tintados. Una de las furgonetas parecía de una televisión local.

—Qué diablos...

Aquello era lo último que esperaba encontrar en un desierto como aquel. Nuestro auto se detuvo junto a un pequeño camión, en el que unos individuos cargaban ordenadores y diversos artefactos electrónicos que no supe identificar.

Un tipo con gafas y cabello blanco se dirigió a nosotros, corriendo con tal expresión de júbilo que resultaba un tanto cómica.

—¡Señor Wheelock! Como siempre, llega en el

momento justo. ¡Estamos a punto de lograrlo! Como puede ver, la noticia se ha filtrado —comentó, señalando la furgoneta de televisión, donde una joven corresponsal daba los últimos retoques a su maquillaje—. También ha venido gente del Gobierno.

—Supongo que es algo inevitable —contestó Daniel despreocupadamente mientras le estrechaba la mano—. Te presento a Nicolas Sanz. Nicolas, este es Alain Gachet, el ingeniero jefe de prospecciones.

—¡Un placer! —correspondió con educación el ingeniero—. También han venido unos cuantos turkana. Un jefe de clan con su consejero personal y sus esposas. Está claro que también quieren presenciar el acontecimiento...

Nos acercamos caminando hasta un camión amarillo con una pequeña torreta en la parte final del remolque. Una especie de tubería metálica giraba en su interior y penetraba en el terreno, mientras un grupo de personas de lo más variopinto observaba el proceso con atención.

Entre ellos había un indígena alto y negro como una sombra, rodeado de mujeres de cabello muy corto y que cargaban una gran cantidad de collares trenzados de llamativos colores alrededor de sus cuellos. El nativo nos miró brevemente, pero volvió a dirigir su atención a la máquina perforadora sin alterar lo más mínimo su expresión severa.

–Entonces, ¿se trata de petróleo? –pregunté, mientras yo también miraba expectante hacia el cilindro metálico que penetraba más y más en la tierra rojiza.

–En realidad, se trata de algo bastante más valioso en este lugar...

Daniel no había acabado la frase cuando empezó a surgir un borboteo rojizo alrededor de la tubería que horadaba el terreno. De repente, tras un ensordecedor estampido, un grueso chorro transparente brotó hacia el cielo y provocó una fina llovizna en el lugar.

Me miré las manos, tratando de entender qué estaba pasando, pero en aquel mismo instante, estalló la locura.

Algunos técnicos empezaron a gritar y a abrazarse eufóricos; un tipo trajeado trataba de explicar algo por encima de todo aquel griterío, vociferando a través de un teléfono móvil; la reportera lanzaba instrucciones de un modo frenético al cámara, y las mujeres nómadas empezaron a danzar en círculos alrededor del camión, entonando alegres cánticos.

Y Daniel aplaudía entusiasmado con todo aquel gran espectáculo.

—¡Agua! —exclamó—. Han encontrado el acuífero subterráneo más grande del planeta, Nicolas. ¿Sabes lo que significa eso?

—Supongo que esta pobre gente dejará de pasar sed.

—Es mucho más que eso. Aquí hay más de diecisiete millones de personas sin agua potable. Con un acuífero de estas características, Kenia dispondrá de agua para consumo, agricultura e industria a lo largo de los próximos setenta años. ¡Se acabó la pobreza y el hambre en este lugar del mundo!

—Asombroso —murmuré impresionado—. Pero ¿qué tiene que ver todo eso contigo?

—Soy el principal accionista de la empresa geoprospectora que ha descubierto el acuífero. Hace años me interesó su sistema de trabajo y su colaboración con la Unesco para solucionar el problema de la falta de agua en regiones como esta. Hoy es el día cumbre, después de muchos meses de trabajo, y han tenido la amabilidad de avisarme.

El ingeniero jefe volvió a acercarse a nosotros con lágrimas de emoción en el rostro.

—Muchas gracias por su confianza, señor Wheelock. Somos conscientes de que nada de esto hubiera sido posible sin su apoyo.

Antes de que Daniel pudiera responder, el jefe del clan se aproximó hasta nosotros y le dijo algo al ingeniero. Alain llamó a un traductor de su equipo, que se dirigió al nativo en su idioma.

—Dice que jamás hubiera creído que un río corriera bajo la tierra. Que esto cambiará el destino de su gente y que se siente honrado de poder vivirlo junto a ellos. Nos ha invitado a asistir a una ceremonia esta noche en su asentamiento —concluyó el traductor.

—¡Excelente! —repuso Daniel mientras me guiñaba un ojo—. Por nada del mundo nos perderíamos una experiencia como esa.

• • •

La tarde había avanzado y el sol abrasador parecía mostrar un poco de clemencia conforme descendía en el horizonte.

Sin embargo, yo no dejaba de sudar.

—A quién se le ocurre hacer una hoguera en un lugar como este —masculló para mí mismo, consciente de que con aquel alboroto nadie podría oírme.

Nos habíamos sentado formando un gran círculo alrededor del fuego. Mientras tanto, las mujeres nómadas seguían con sus danzas y cánticos, en agradecimiento al dios Kuj, por haber traído el agua hasta sus tierras.

A mi lado, Alain y su equipo nos explicaban sus experiencias a lo largo de las últimas semanas hasta encontrar el punto adecuado de perforación. Daniel los escuchaba con gran interés, aunque a juzgar por algunas de sus preguntas, parecía estar bastante al corriente de lo que había ocurrido recientemente.

Unos niños nos ofrecieron unos pequeños cuencos con un líquido espeso de aspecto un tanto repulsivo.

–Es leche de vaca –aclaró Daniel mientras se llevaba el cuenco a los labios y hacía un gesto de agradecimiento hacia los niños.

Hubiera preferido un poco de toda aquella agua fresca que acababan de encontrar bajo tierra. Sin embargo, no quería ser el único que rechazara ese gesto hospitalario, así que alcé el cuenco para beber.

–Con un poco de sangre de buey, claro –añadió Daniel en tono casual.

Escupí ruidosamente, empapando las piernas de una de las mujeres que danzaban, y de inmediato pensé que aquellos indígenas me asarían vivo por aquel atrevimiento.

Pero ni la mujer ni el resto parecieron reparar en

lo que había pasado. Daniel, sin embargo, reía muy ruidosamente mientras Alain lo observaba con actitud de incomprensión.

—Tú... eres... un... —Me levanté de un salto y me alejé del lugar antes de decir todo lo que se me pasaba por la cabeza. Y ¡pensar que aquel idiota infantil pretendía enseñarme cómo debía vivir mi vida!

Caminé furibundo entre las pequeñas cabañas hechas con ramas que formaban el asentamiento. De repente, un indígena de cabello blanco y piel arrugada se interpuso en mi camino. Tenía las piernas flexionadas y agitaba los brazos abiertos, como si yo fuera una cabra descarriada que debía conducir a su rebaño.

Aquello era lo que me faltaba.

—Mire, señor, le advierto que no estoy de humor...

—¡Fuera de ti! —exclamó el anciano.

—¿Habla mi idioma? —pregunté, perplejo.

—¡Fuera de ti! —repitió, bloqueándome el paso mientras agitaba los brazos. Luego gritó algo que no pude entender, aunque me pareció captar una palabra.

—¿Demonio?

—¡Demonio! —repitió. Luego, con una rapidez inesperada para alguien de su edad, me aferró de la muñeca y me obligó a seguirlo mientras nos alejábamos aún más de la hoguera. Traté de ofrecer resistencia, pero el viejo tiraba de mí como un maldito buey.

Prácticamente me arrastró hasta una pequeña montaña de troncos y ramas secas. Parecían las reservas de aquella gente para hacer fuego o construir cabañas. El turkana tomó una vara larga y gruesa y la tendió hacia mí mientras señalaba hacia el resto de las ramas.

—¡Fuera! ¡Fuera! —vociferaba.

Por un momento temí que aquel salvaje enloquecido tuviera intención de propinarme una paliza antes de expulsarme del asentamiento. Pero enseguida comprendí que solo pretendía que tomara aquel palo.

Tomé la rama con cautela y me quedé mirándolo, sin saber qué hacer.

—Quiere que expulses al demonio que llevas dentro, Nicolas.

Daniel surgió de la oscuridad y se mantuvo a cierta distancia de nosotros. Lo hubiera ahorcado hacía solo un par de minutos, pero en aquel instante fue un alivio verlo.

—Pero ¿de qué demonio habla? ¡Este señor está loco!

—No lo creo —dijo Daniel—. De hecho, yo diría que se trata de alguien excepcionalmente sabio. Solo pretende ayudarte. Quiere que golpees esas ramas de ahí con eso que te ha dado. Cree que así expulsarás... a ese demonio.

—¡Demonio! ¡Demonio! —gritó el viejo, y me propinó un empujón en el pecho que casi me deja sentado en el suelo. **La furia volvió a surgir en mí**, mientras pensaba seriamente en devolverle el golpe con la rama que tenía en la mano.

—¡Está bien! —grité mientras golpeaba con fuerza la montaña de ramas y miraba al anciano—. ¿Así? ¿Así? ¡Están todos locos!

Por alguna razón, seguí golpeando cada vez con más y más rabia mientras empezaba a pensar que quizá yo era el más demente de todos. Aquella idea absurda no hizo más que aumentar la furia que parecía brotar desde mi estómago hasta el brazo que golpeaba.

Una parte de mí era consciente de que había empezado a gritar como un animal salvaje mientras molía a palos aquella enorme madeja de ramas.

Me vi a mí mismo semanas atrás, con el auto estacionado ante la oficina central bancaria y a punto de explotar de rabia. Recordé las ocasiones a lo largo de mi vida profesional en las que había decidido ignorar mi propia ética y engañar a mis clientes para alcanzar los objetivos impuestos. La mirada fría de mi jefe, diciéndome que me quedaba sin empleo. Mi esposa, acusándome de no ser capaz de seguir luchando, saliendo de nuestro piso para no volver nunca más. Los continuos rechazos en las entrevistas de trabajo, que me llegaron a convencer de que había dejado de ser una persona laboralmente válida.

Pude ver todo lo que había perdido, la vida que me habían arrebatado.

Vi a mi padre poco antes de su muerte y pude comprender lo profundamente enfadado que estaba con él por haberme abandonado, por haberme obligado a hacerme responsable de la familia.

Caí de rodillas, exhausto, y empecé a llorar como nunca antes lo había hecho. Quise seguir golpeando la tierra con los puños, pero no me quedaban fuerzas. Apenas podía respirar por el esfuerzo y el llanto.

Escuché vagamente al anciano, susurrando algo extraño mientras movía las manos a mi alrededor. Sus palabras eran sonidos incomprensibles, pero extrañamente reconfortantes.

Alcé el rostro lleno de lágrimas y me encontré con los ojos amarillentos del anciano.

—Demonio volver, pero tú... ¡Fuera de ti!

# CAPÍTULO 8

# UNA EXPLOSIÓN CONTROLADA

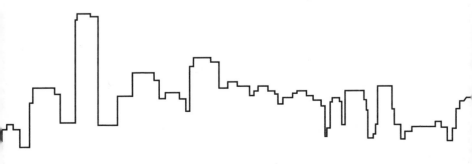

Alguien se movió y me tocó brevemente en el hombro con intención de despertarme.

Estaba tumbado dentro de una de las pequeñas cabañas de los turkana y la oscuridad era casi total. Tras mi repentino arrebato de locura, el anciano no me dejó en paz hasta que me metí allí dentro para descansar. Después, no recordaba nada más.

–No pensarás que por el hecho de estar en este lugar te librarás de tus ejercicios –dijo la silueta de Daniel entre penumbras.

Lo miré en silencio mientras estiraba las piernas y trataba de quitarme el sueño de encima. Resultaba increíble, pero no recordaba haber dormido tan plácidamente en años.

—Es una broma, ¿verdad? —pregunté con una vaga esperanza.

"Por supuesto que no lo es...".

Salimos de la pequeña estructura semiesférica y respiré con satisfacción el límpido aire matutino. Todavía era de noche, pero el horizonte empezaba ya a clarear con la luz del amanecer.

En el asentamiento parecía haber cierta actividad. Los niños eran los responsables de traer agua al pueblo. Salían al alba dispuestos a recorrer hasta sesenta kilómetros en busca del preciado líquido, y ni siquiera acudir a la escuela constituía para ellos una prioridad.

Me preguntaba qué ocurriría ahora con toda aquella agua potable disponible bajo tierra.

Nos sentamos en el suelo en una zona tranquila para realizar nuestra rutinaria contemplación del sol naciente y luego nos pusimos a correr en silencio, siguiendo el perímetro del asentamiento. Sabía que Daniel querría comentar la experiencia que había vivido con el anciano, pero no deseaba hablar de ello.

Daniel volvió a sentarse en el suelo mientras miraba hacia el horizonte con expresión ausente. Supuse que se trataba de algún nuevo ejercicio, así que yo también me senté.

—Hubo un tiempo en mi vida en que yo también vivía cegado por el espejismo del poder —dijo al cabo de un rato, en un tono un tanto ausente—. Tenía más dinero del que podía gastar, una profesión que me apasionaba y una familia a la que amaba profundamente. Creía poseerlo todo, pero todavía no sabía nada.

Guardó silencio de nuevo y presentí que estaba a punto de compartir conmigo algo importante.

—Conocí a mi mujer poco después de finalizar mis estudios universitarios en Nueva York. Era una persona excepcional, Nicolas. Bella en todos los sentidos y con el raro poder de alegrar a cualquiera con la arrolladora fuerza de su positivismo.

»Cuando la conocí, pensé que no era humanamente posible amar más de lo que yo la quería. No tardé en descubrir que me equivocaba, por supuesto. Formamos una hermosa familia y comprendí que el corazón humano no tiene límites cuando se trata de sentir amor hacia nuestros hijos.

»David, mi hijo mayor, soñaba con hacer un safari —continuó el hombretón con una leve sonrisa—, así que decidí visitar este bello continente con él y mi mujer. Mis otros dos hijos eran demasiado pequeños y se quedaron en París junto a sus abuelos.

»Como de costumbre, gran parte de mi mente estaba ocupada en mis negocios y no en disfrutar plenamente de aquellas vacaciones en familia. Antes de empezar la expedición, decidí desviarme yo solo unos kilómetros hacia la frontera con Somalia con el fin de visitar unas tierras que tenían cierto potencial para su explotación energética. No pensaba tardar más de unas cuantas horas y dejé a mi familia en una pequeña población junto a nuestro guía y unos amigos.

Me removí incómodo en el suelo. Intuía que algo terrible iba a suceder en aquella historia. Pensé que no estaba seguro de querer escucharlo, pero no podía dejar de absorber con toda mi atención las palabras que pronunciaba aquel hombre.

—Cuando regresé, el poblado había sido atacado por una milicia somalí. El sitio estaba sumergido en el caos y el ejército trataba de desalojar el lugar. El pánico se había apoderado de todo. Había varios cuerpos en el suelo tapados con viejas mantas. Antes de poder comprobarlo con mis propios ojos, ya supe que había perdido a mi mujer y a mi hijo.

Daniel me miraba con lágrimas en los ojos y yo no pude más que bajar el rostro, sobrecogido por la historia. Recordé que ya había sugerido haber pasado por una época difícil en su vida, pero nunca hubiera imaginado una experiencia tan desgarradora.

–Aquello me destrozó, Nicolas –continuó Daniel con gravedad–. No recuerdo muy bien las semanas que siguieron a la muerte de mis seres más queridos, pero los que me ayudaron en aquellos días cuentan que parecía un demente y que no quería hablar con nadie.

»Poco después descubrí que para el ataque se había utilizado armamento fabricado por una empresa con la que mi grupo inversor colaboraba estrechamente. Tomar conciencia de aquello acabó de reducir a cenizas todo por lo que siempre había luchado. El dinero, el poder, el reconocimiento... De repente nada de todo eso tenía ningún sentido para mí. Abandoné el mundo de los negocios con una herida terrible en mi corazón y con la mente saturada de preguntas que necesitaban respuesta.

Daniel inhaló y exhaló lentamente mientras una tenue sonrisa reaparecía en su rostro.

–Me llevó algunos años conseguirlo. Tuve que aprender a ocuparme de mi mundo interior, atreverme a **enfrentarme a mis heridas**, hasta que finalmente comprendí el propósito de tanto dolor y pude alcanzar la verdadera riqueza interior. Ahora sé que no lo hubiera podido lograr sin aquella desgarradora experiencia.

Miré pensativo hacia la tierra rojiza y polvorienta sobre la cual estábamos sentados.

—Aun así, ¿crees que mereció la pena pasar por aquella situación? —pregunté, tratando de expresarme con delicadeza.

Mi compañero reflexionó unos instantes, como si buscara las palabras adecuadas.

—Probablemente existen infinidad de leyes en este universo —respondió—, pero hay tres de ellas que merece la pena considerar en toda crisis. La primera es que nadie, sin excepción, experimenta ninguna dificultad que no sea capaz de superar. La segunda es que todo dolor y esfuerzo siempre se compensa con creces y en el momento más adecuado. Y la tercera ley dice que todo aquello realmente importante que nos ocurre sigue un sabio propósito que, más tarde o más temprano, llegamos a comprender.

»Yo decidí creer en estas leyes en la etapa más difícil de mi vida, y posteriormente he tenido la oportunidad de experimentar su infalible validez. Ahora no solo lo creo, ahora lo sé.

»Por eso, te sugiero que tú también intentes hacer lo mismo. Trata de creer, Nicolas, y la vida se encargará de demostrarte que, pase lo que pase, siempre estará de tu lado.

• • •

Nos dirigimos hasta la zona donde los técnicos habían aparcado los vehículos que nos habían llevado hasta allí. Alain surgió del interior de uno de los todoterrenos y nos ofreció café de un termo. El francés nos explicó que una vez abierto el primer pozo, deberían empezar a afrontar nuevas dificultades. La noticia empezaría a correr por todo el país y el Gobierno tendría que vigilar el buen uso de los pozos para prevenir la contaminación del acuífero. Además, sería necesario elaborar un proyecto de sostenibilidad y considerar qué tipo de alimentos podrían cultivarse teniendo en cuenta las características climáticas locales.

—Algunos de esos pasos están más allá de nuestro alcance —dijo el francés con cierta resignación—, pero trataremos de hacer lo que podamos.

Tras una breve despedida iniciamos el camino de vuelta hacia el aeropuerto. Mi compañero consultaba su teléfono móvil y yo contemplaba de nuevo aquel paisaje desértico a través de la ventanilla.

No podía quitarme de la cabeza su dramática historia. Me resultaba difícil imaginar cómo alguien podía rehacer su vida después de un golpe como aquel.

—Y ¿bien? —dijo Daniel mientras guardaba el móvil—. ¿Qué te ha parecido la experiencia?

—Fascinante. Me alegra comprobar que estás involucrado en proyectos tan interesantes.

—Me alegro de que te alegres. Pero no te preguntaba por eso.

—Lo sé —contesté con sequedad—. La verdad es que no quiero hablar mucho del asunto...

—Bueno, eso suele indicar que se trata de un tema especialmente interesante.

Giré para comprobar si estaba haciéndome burla, pero me observaba desde el otro lado del vehículo con suma atención. No parecía que estuviera bromeando.

—Lo cierto es que estoy un tanto confundido. —Suspiré—. No sé muy bien qué me ocurrió anoche.

—Yo lo definiría como una "explosión controlada".

—¿Qué quieres decir?

—Quiero decir que has experimentado una liberación de rabia en un entorno seguro para ti y los demás.

El anciano ha sabido captar un exceso de esa emoción en tu interior y te ha ayudado a desprenderte de una parte de ella. Es evidente que lo identificaba con algún tipo de entidad maligna de la que debías liberarte a toda costa.

»Pero más allá de esas creencias, el ejercicio me parece muy adecuado para mejorar tu estado emocional. Llevas toda una vida acumulando rabia, Nicolas. Los difíciles cambios que has tenido que asumir te han debilitado física y psicológicamente, y eso ha hecho que tu capacidad para reprimir el exceso de esa emoción haya empeorado significativamente. Por eso, últimamente tiendes a estar de bastante mal humor.

–Espera un momento. ¿Me estás diciendo que el motivo de mi enfado no es todo lo que me ha ocurrido últimamente?

–Creo que tus últimas experiencias no han hecho más que añadir más rabia donde ya había un exceso y que, al derrumbarte psicológicamente, todo ese contenido emocional ha salido a la superficie.

»La ira es relativamente fácil de percibir, pero pocas personas saben gestionarla adecuadamente. Cada día hay muchas víctimas de explosiones de rabia fuera de control. Si esas personas aprendieran a liberarse de ella en un entorno seguro, evitarían complicaciones graves en sus vidas y en la de aquellos que los rodean.

—Ya veo. Pon un anciano turkana en tu vida y tus problemas desaparecerán, ¿no? —dije con una sonrisa forzada.

—El sarcasmo también es una forma de violencia, compañero —apuntó Daniel con seriedad—. Y la violencia suele indicar que hay rabia desatada que necesita dominarse. Te diré lo mismo que te dije en la isla sobre los ejercicios físicos que te enseñé allí: todo lo que aprendas conmigo podrás y deberás practicarlo en cualquier parte.

—Está bien —murmuré en tono de disculpa—. Te escucho.

—Una vez que el cuerpo físico dispone de suficiente vitalidad, el siguiente obstáculo hacia la riqueza interior está en la correcta gestión de las emociones desagradables. Cuando esas emociones se han reprimido durante mucho tiempo, se convierten en un veneno que intoxica nuestro cuerpo y perjudica gravemente nuestra percepción de las cosas.

»Verás que no me gusta hablar de emociones negativas o positivas. Tendemos a rechazar todo lo negativo y te aseguro que rechazar cualquier emoción es un grave error. Prefiero hablar de emociones agradables o capacitadoras y emociones desagradables o limitadoras.

–Bueno, yo pensaba que el objetivo era acabar con la rabia, el miedo...

–Muchos lo creen así, pero no es la manera adecuada de manejar ese aspecto de nuestra energía interior. Suele creerse que las emociones desagradables son como un gran depósito que debe vaciarse o como una sustancia que tiene que eliminarse de nuestro interior.

»Pero esa creencia contiene un doble error. En primer lugar, centrarse en "eliminar" o "destruir" una parte de nosotros, aunque sea algo que aparentemente solo nos trae dolor, como la rabia, la tristeza, el miedo, la culpa, etcétera, tan solo genera una negatividad que retroalimenta esa emoción.

»Por otro lado, el problema no está en nuestras emociones desagradables en sí, sino en nuestra incapacidad para saber gestionarlas adecuadamente. Por tanto, no se trata de eliminarlas, sino de dominarlas.

»Ten en cuenta que nuestras emociones desagradables tienen una razón de ser. Por ejemplo, la rabia es una emoción que te ayuda a ponerte en contacto con tu propia fuerza personal, y la tristeza estimula tu parte sensible y tu capacidad para amar.

—Suponiendo que esté de acuerdo con todo eso, ¿cómo se logra ese dominio emocional? Estoy seguro de que cualquiera estaría encantado de conseguirlo.

—El primer paso consiste en darse cuenta de qué estados emocionales, que pugnan por salir a la superficie, hemos estado reprimiendo o negando. El objetivo aquí es permitir la libre expresión de la emoción de forma consciente y no dañina, tal como tú hiciste ayer por la noche. Existen diversas vías terapéuticas para lograr esto, pero el objetivo siempre es permitir que el cuerpo y la voz se dejen llevar por la emoción. De este modo, la persona gritará y golpeará de rabia o frustración, o llorará y encogerá su cuerpo mientras expresa profunda tristeza, o permitirá que su cuerpo se tense y se paralice por el temor. El tipo de reacción física siempre depende del tipo de emoción percibida.

—Ayer yo mismo no podía creer lo que estaba haciendo, Daniel —reconocí—. Era como si una parte de mí observara a un yo enloquecido.

—Sí. Es algo que suele ocurrir... Sobre todo cuando la emoción desagradable se ha reprimido durante mucho tiempo. La clave está en realizar el ejercicio de expresión con la máxima conciencia posible. Es decir, dándote cuenta de que lo que está ocurriendo es algo que estás permitiendo tú, y no una anulación de la voluntad por parte de tus emociones. En caso contrario, no sería ningún ejercicio, sino lo que suele hacer todo el mundo cuando se deja llevar por la presión emocional.

Volví a recordarme a mí mismo dentro del auto frente a la oficina del banco. Pensé en todas las cosas que se me habían pasado por la cabeza en aquel momento y tragué saliva con dificultad. Había estado muy cerca de meterme en serios problemas por culpa de toda aquella rabia.

—Este proceso de liberación consciente debe realizarse lo antes posible, ya que toda emoción encerrada en nuestro inconsciente y no atendida, no deja de aumentar y puede transformarse en una emoción más dañina y difícil de tratar. Por ejemplo, la rabia, cuando se reprime durante el tiempo suficiente, acaba por transformarse en amargura; la tristeza, en depresión, y el miedo, en una patológica inseguridad ante cualquier situación.

Asentí en silencio. Tenía que reconocer que, sin duda, me sentía muy identificado con todo aquello. *Amargura* era la palabra que mejor definía los últimos meses de mi vida.

—Gracias a tu experiencia de anoche puede decirse que has dado el primer paso en el bello arte del dominio emocional —continuó Daniel con cierta solemnidad—. Como muy sabiamente te ha advertido el anciano nómada, "el demonio volverá". Es decir, volverás a sentir la rabia bullendo en tu interior y tratando de tomar el control de tu voluntad.

»Por eso te aconsejo que no dejes de practicar el ejercicio de liberación. Utiliza un cojín, un colchón o cualquier cosa que te ayude a expresarte libremente mientras evocas la rabia del pasado.

Me removí en el asiento del vehículo. No deseaba en absoluto volver a intentarlo, y Daniel pareció captar mi incomodidad.

—Sé que tendrás que hacer un esfuerzo importante. Empezar a practicar este ejercicio crea todo tipo de resistencias. Pero la recompensa siempre merece la pena.

»Por otro lado, te aseguro que es más sencillo de lo que tu mente te quiere hacer creer. Simplemente, inténtalo cada día unos minutos y verás que en cada ocasión te resultará más fácil. Recuerda, con todos los detalles posibles, aquellos momentos vividos que te hayan hecho sentir rabia y en los que no pudiste o no supiste expresarla. Mientras tanto, aunque no te guste hacerlo, empieza a golpear el cojín o el colchón. El propio movimiento de tu cuerpo te ayudará a conectar con la emoción que quieres liberar.

—Está bien —suspiré—. Lo intentaré. Pero ya tengo bastantes rutinas, Daniel. No sé si voy a poder seguirlas todas.

—Necesitarás hacer este ejercicio solo durante unas pocas semanas. Tú mismo empezarás a percibir cuando deja de ser necesario. De todos modos, iremos adaptando tus ejercicios conforme vayas avanzando con el entrenamiento.

—Entendido. Pero, según dices, todo esto solo es el primer paso en el trabajo con las emociones. ¿Qué viene después?

Daniel sonrío.

—Tú mismo podrás experimentarlo en nuestro próximo destino.

## CAPÍTULO 9

# AUTOCONFIANZA

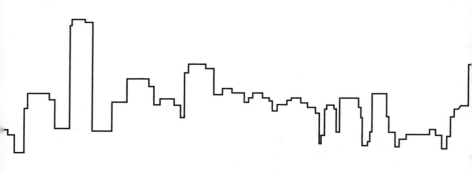

**F**renamos en seco para no empotrarnos contra el camión que nos cerró inesperadamente el paso. Al mismo tiempo, una vieja motocicleta nos adelantó a toda velocidad, pasando a escasos centímetros de nuestro auto.

Miré por enésima vez hacia nuestro chófer, que aunque no daba tregua al claxon, parecía manejar la situación con inexplicable indiferencia. Con el corazón en un puño, me serené y centré mi atención en algo que no fuera el tráfico caótico que nos rodeaba.

Miré a través del vidrio las calles de tierra, las ropas de vivos colores... Unos niños corrían entre puestos de venta ambulante y marañas de cables telefónicos enlazaban los pequeños y envejecidos edificios.

El auto volvió a desplazarse y nos adelantamos al camión sin más percances. El caos parecía gobernar en aquel país y, sin embargo, todo parecía funcionar con sorprendente fluidez.

Estábamos en la India. Concretamente, en el distrito de Jalandhar, había puntualizado Daniel.

La vieja berlina de vidrios tintados se desvió, entrando en una zona de jardines y grandes árboles. Aquel lugar parecía estar a salvo de la contaminación y del estruendo de la ciudad. Nuestro chófer redujo la velocidad y nos adentramos en aquel oasis de tranquilidad, hasta llegar a un gran edificio blanco.

–Bienvenido a la Universidad de Medicina Integradora de Jalandhar –declaró mi compañero–. Se trata de un hospital universitario y un centro de investigación especializado en la integración de las ciencias médicas tradicionales. Lleva poco tiempo funcionando, pero su servicio hospitalario está siendo un éxito y la universidad recibe solicitudes de médicos de todo el mundo interesados en recibir su posgrado.

–¿Medicina tradicional? –pregunté mientras bajábamos del auto y nos dirigíamos hacia la entrada.

–En efecto. Aquí se considera cualquier disciplina médica utilizada por el ser humano a lo largo de la historia, como el Ayurveda en este país. En este gran centro de investigación se estudia en profundidad la eficacia de esas disciplinas y tratan de adaptarlas al conocimiento actual existente.

En la entrada había a una gran mesa circular donde varias recepcionistas recibían a una larga cola de pacientes. Una mujer con bata blanca y cabello rubio se acercó con paso decidido hasta nosotros.

—Imagino que no estarás planeando una de tus visitas de incógnito —preguntó a Daniel con actitud severa.

—¡Te aseguro que acabamos de llegar, Elisa! —se justificó el hombretón—. Además, pensaba avisarte antes de enseñarle las instalaciones.

La mujer me miró y cambió el gesto por una mirada cálida, aunque evaluadora.

—Tú debes de ser Nicolas. Encantada de conocerte —dijo, tendiéndome la mano—. ¡No nos va venir nada mal tu ayuda! Estamos justos de médicos en Pediatría, ¿sabes?

Me quedé mirándola sin saber qué decir.

—Ella es la directora del centro —explicó Daniel—. Hace unos días le propuse tu colaboración en el hospital. Lo cierto es que están un poco desbordados de trabajo y sé que eres bueno con los niños.

—¿Que soy bueno con los...?

Aquel hombre estaba completamente loco.

—¡No sé de dónde sacas eso! Y si te refieres a la carrera de Medicina que, por cierto, no finalicé..., ¡de eso hace muchos años, Daniel! Soy incapaz de ejercer de médico. ¡No sabría diagnosticar ni un resfriado!

Curiosamente, la guapa directora me miró aún con más ternura. ¿A quién me recordaban aquellos ojos?

—Es tal como me explicaste, papá —dijo sin dejar de mirarme—. Por cierto, ¡todavía no me has dado un beso! —añadió con los brazos en jarras.

Daniel la abrazó en el acto, alzándola del suelo con un rugido y atrayendo las miradas de todo el mundo.

• • •

A lo largo de la hora siguiente recorrimos todas las instalaciones mientras Elisa y Daniel caminaban tomados del brazo. El lugar era impresionante. Los quirófanos, los laboratorios, las aulas y salas... Todo parecía equipado con la última tecnología.

—Actualmente trabajan para nosotros más de un centenar de doctores residentes y cada año recibimos más solicitudes —explicó Elisa con evidente orgullo—.

Parece que en la comunidad médica existe un interés creciente por una medicina con una visión más amplia, entendida de un modo riguroso y científico, y libre de presiones económicas.

–¿Presiones económicas? –pregunté.

Antes de responder, la doctora se detuvo y suspiró mientras consultaba un pequeño dispositivo que había sacado de su bolsillo. Luego hizo un ademán con la mano, indicándonos que esperáramos allí, y desapareció tras una puerta.

–Se refiere a las grandes empresas farmacéuticas –explicó Daniel–. Es uno de los negocios más lucrativos que influyen en la economía del planeta. Por desgracia, también influyen negativamente en el progreso de la ciencia y en la calidad de vida de todos nosotros. Desde aquí tratan de aportar un enfoque que minimice la dependencia que tiene el enfermo del medicamento. Es decir, interesa cualquier cosa que aporte autonomía al paciente sobre su propia salud, pero eso es algo que no siempre está dentro de los intereses del negocio farmacéutico actual. Es triste, pero lo cierto es que acabar con una enfermedad también significa acabar con los beneficios que generan sus medicamentos paliativos.

Elisa apareció de nuevo, revisando una serie de documentos, aunque volvió a prestar atención de inmediato a la conversación.

—Ya veo. Así que vas contra la corriente, ¿eh?

—Ni te lo imaginas —bufó la mujer mientras volvía a tomar el brazo de su padre—. Por suerte, en este país disponemos de cierta libertad para desarrollar nuestro proyecto. Por otro lado, aquí la desigualdad social es enorme y también tratamos de colaborar con nuestro granito de arena al respecto. Aunque nuestros servicios médicos son privados, dos días a la semana abrimos las puertas del hospital a todo aquel que lo necesita. Todos los residentes y estudiantes colaboran en esa labor.

Cruzamos una puerta verde con un cartel en el que se podía leer "Área de Pediatría". La actividad en aquel lugar era frenética. El personal del hospital se apresuraba en todas direcciones, mientras una enorme fila de niños acompañados de sus padres cruzaba la sala hasta el exterior del edificio.

—Daniel me dijo que de joven estabas interesado en la medicina infantil —dijo Elisa con una graciosa sonrisa de complicidad—. Somos conscientes de que hace mucho tiempo de eso, pero te aseguro que aquí tendrás un lugar donde podrás ayudar del modo que te sientas más cómodo... siempre que tú quieras, por supuesto.

En ese momento pasó una camilla ante nosotros con una niña que lloraba aterrorizada.

Me di cuenta de que me estaba poniendo bastante nervioso.

—Esta es la tercera parte de tu entrenamiento, Nicolas —dijo Daniel, posando una de sus manazas en mi hombro—. Si te parece bien, dejemos a mi hija con su trabajo y te lo explico mejor.

—Encantada de conocerte y de tenerte por aquí, Nicolas —dijo la mujer, y tras una última sonrisa volvió a desaparecer entre el personal médico que se apresuraba por los pasillos.

—Daniel, de verdad, no sé si voy a poder con esto —declaré un tanto confuso mientras salíamos al exterior—. Creo que soy totalmente incapaz de...

—Lo sé. Pero no se trata de que actúes como un médico, sino como alguien que está dispuesto a ayudar. Aquí hacen falta muchas manos.

No dije nada. Sabía que me había comprometido a confiar en aquel hombre, a seguir su extraña formación hasta el final. Pero, por algún motivo, aquella prueba se me hacía especialmente difícil.

—¿Cómo te sientes? —preguntó Daniel.

—No lo sé. Incómodo, preocupado...

—La preocupación es una de las hijas del miedo. Y sientes miedo porque esta experiencia hace aflorar **cuestiones pendientes de tu pasado**. Es una de las emociones limitadoras más profundas y difíciles de afrontar. Sin embargo, tras cada uno de nuestros temores aguarda siempre un gran tesoro.

—¿Qué quieres decir?

—Nuestros miedos no son más que los guardianes emocionales de un aspecto positivo oculto en nuestro interior. Pueden ser cualidades o capacidades personales, pero también una visión más amplia y precisa sobre nosotros mismos y nuestra vida. Ten en cuenta que el valor de ese tesoro interior siempre es proporcional al tamaño del miedo que lo guarda.

Sabía que Daniel trataba de alentarme y, al mismo tiempo, plantearme un desafío con aquella explicación, pero me obligué a guardar silencio.

—Por otro lado, el hecho de acostumbrarnos a vivir de forma amigable con nuestros miedos, en lugar de negarlos o tratar por todos los medios de que desaparezcan, hace que poco a poco crezca en nosotros una de las cualidades más preciadas que existen.

—¿Cuál es esa cualidad?

—La autoconfianza, por supuesto.

Llegamos al final de los jardines del recinto, donde había una gran cantidad de bungalós de madera. Daniel se detuvo ante uno de ellos, extrajo una llave del bolsillo y la puso ante mí, sosteniéndola en la palma de su mano.

—Este será el lugar donde residirás el tiempo que estés aquí... en caso de que aceptes seguir con tu entrenamiento, claro. ¿Qué me dices? ¿Te atreves a mirarle a la cara al origen de tu inseguridad, al lugar de donde surgen todos tus "no puedo", al lugar de donde surgirá una mejor versión de ti mismo?

Con un gruñido le arrebaté aquella llave de un manotazo mientras trataba de no pensar en las consecuencias de lo que estaba haciendo.

• • •

Como cada mañana desde hacía ya casi dos semanas, tuve que subir al tejado de madera del bungaló para poder observar los primeros rayos de sol. Me hubiera gustado preguntarle a Daniel si todavía era necesario seguir haciendo aquello, ya que parecían haber desaparecido por completo mis problemas de insomnio.

Pero mi impredecible instructor había desaparecido el mismo día que llegamos al hospital. Me había dejado una nota enganchada a la puerta de mi habitación: "Nicolas, tengo que hacer un pequeño viaje de negocios por el norte del país. Aprovecha todo lo posible tu experiencia en este lugar. Un abrazo".

Tras unos minutos observando el amanecer, descendí con cuidado hasta el suelo mientras reflexionaba sobre mi estancia en aquel lugar.

Los primeros días los pasé aterrorizado. Temía no superar aquella prueba, no encajar en aquel sitio, no ser aceptado por los demás, ser incapaz de ayudar en nada... Yo mismo estaba sorprendido ante toda aquella inseguridad infantil y no dejaba de preguntarme de dónde podía surgir. Pero conforme pasaron los días, empecé a pensar que seguramente Daniel tenía razón al decirme que se trataba de cuestiones del pasado.

Por suerte, Elisa había sido un gran apoyo desde el primer momento y, poco a poco, empecé a descubrir que mi trabajo no iba a ser tan difícil como había temido.

Mi tarea principal consistía en ayudar a las enfermeras en tareas básicas, como desplazar a los niños, servir comidas o realizar algunas curas muy sencillas.

Mientras tanto, observaba con interés el trabajo de los médicos residentes, y pronto empecé a sentir cierto anhelo por recuperar una serie de conocimientos... que ya no recordaba. Mi trabajo en aquel lugar me hacía pensar en mi juventud, en mi época universitaria y, sobre todo, en mi antigua aspiración de ser médico.

Tras la repentina muerte de mi padre, no dudé ni un solo segundo en abandonar mis estudios para responsabilizarme del negocio familiar. Sin embargo, aquella fue una renuncia especialmente dolorosa y solo ahora, media vida después, empezaba a comprender hasta qué punto me había afectado.

Escuché los pasos de alguien que se aproximaba corriendo. Era Elisa. Solíamos coincidir haciendo ejercicio a primera hora del día. En aquella ocasión, la mujer corría cargando con una gran caja precintada.

—Buenos días. ¿Un nuevo tipo de entrenamiento? —bromeé, señalando el paquete.

Dejó la carga en el suelo entre risas y con manifiesto alivio.

—Mi padre me dijo que, probablemente, necesitarías esto después de un par de semanas. Así que, aquí lo tienes. ¡Paquete entregado!

Miré la caja. Podía contener cualquier cosa.

—¿Sabes de qué se trata?

—No tengo ni idea —respondió, encogiéndose de hombros—. ¿Nos vemos en el desayuno? Creo que ya he acabado con la sesión de hoy.

—Claro —dije, sonriendo.

Observé ensimismado cómo se alejaba corriendo. De algún modo, la compañía de aquella mujer siempre me dejaba una sonrisa en el rostro.

Tras un suspiro involuntario, me obligué a prestarle atención a la caja. Entré en mi bungaló y, después de unos segundos de duda, la abrí y miré expectante su contenido.

Un torrente de emociones contrastadas hizo que retrocediera un paso sin ni siquiera darme cuenta. Aquello era una agradable sorpresa y, al mismo tiempo, no pude evitar ponerme en tensión como si tuviera ante mí una amenaza.

Eran mis apuntes de la universidad y algunos de mis viejos libros de medicina.

Una parte de mí anhelaba examinar aquellas hojas, pero otra sabía que hacerlo significaba cruzar una puerta que yo mismo me había obligado a cerrar... hacía ya demasiado tiempo. Y hacerlo me producía un temor que no sabía comprender.

Di un paso adelante y, muy despacio, acaricié la descolorida cubierta de un libro de anatomía. Sabía que sus páginas estaban cubiertas de mis propias anotaciones a lápiz, y acudieron a mi memoria muchos recuerdos de cuando tomaba apuntes en las aulas de la facultad.

Examiné con nostalgia las viejas libretas, cada una dedicada a una materia diferente, y recordé aquellos días en la universidad, mis amigos y vivencias de juventud, mis anhelos y proyectos, mi joven ingenuidad. Todos aquellos recuerdos sepultados se abrieron paso en mi memoria en tan solo unos instantes.

**–Fueron los días más felices de mi vida** –le dije a la caja abierta. No fue una queja melancólica, sino una confesión que necesitaba expresar; la constatación de un hecho que en aquellos momentos resultaba para mí más evidente que nunca.

Luego suspiré, sonreí y, lentamente, tomé una de las libretas al azar.

## CAPÍTULO 10

# MI AMOR

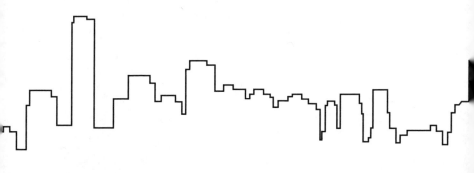

**L**as semanas pasaron con rapidez, y casi sin darme cuenta me había adaptado a las rutinas del lugar. Trabajaba por las mañanas y pasaba la mayor parte de la tarde asistiendo a las clases de posgrado y estudiando mis apuntes y libros.

Pronto comprendí que necesitaría volver a la facultad, ya que gran parte de mi antiguo material de estudio había quedado desfasado después de tantos años.

En lugar de desmotivarme, aquella idea me llenó de entusiasmo. Continuar con mis estudios... ¿por qué no? Quizá había llegado el momento de retomar lo único que me había hecho sentir motivado en mi vida. La inesperada llegada de aquella ilusión fue como si alguien encendiera una cálida luz en algún lugar de mi interior.

Elisa no exageraba cuando nos decía que estaban desbordados de trabajo. La noticia de que aquel hospital atendía gratuitamente a todo aquel que lo necesitara atraía a miles de personas procedentes de diferentes regiones del país. Solo la vocación y la eficiencia de los que allí trabajaban lograban que, a pesar de todo, aquel centro médico pudiera atender a todos sus visitantes.

Conforme fui conociendo a algunas de aquellas personas que formaban el equipo médico descubrí que, además de estar altamente cualificadas, muchas de ellas poseían gran experiencia en tareas humanitarias en diversos países del mundo. **Todas, sin excepción, habían hecho de su vocación su trabajo.**

Por mi parte, cada vez realizaba con más confianza mis tareas en el hospital y me desenvolvía mejor con los jóvenes pacientes. Siempre que podía, visitaba el área de cuidados intensivos, donde había conseguido ganarme la amistad de un pequeño grupo de niños. La mayoría había pasado por lesiones de extrema gravedad y había perdido la capacidad de caminar, de ver o de valerse por sí mismos para el resto de su vida.

Sus historias eran dramáticas. Todas ellas. Sin embargo, no dejaba de sorprenderme la alegría con la que me recibían por el simple hecho de ofrecerles un poco de atención y jugar unos minutos con ellos. Muy pronto las visitas a aquellos pequeños se convirtieron en una agradable rutina dentro de mis actividades diarias.

Conocer a esos niños fue una de las experiencias más valiosas de mi vida y no pude evitar sentir cierta vergüenza de mí mismo al recordar cómo me había llegado a desmoronar por la presión de mis propias circunstancias. Aquellos pequeños demostraban tener mucho más valor del que yo jamás había llegado a poseer.

● ● ●

Daniel apareció un día de improviso. Era la hora del desayuno y entró en el comedor saludando a todo el mundo.

—¡Nicolas! —El hombretón se abalanzó sobre mí con los brazos abiertos. Esta vez su efusivo abrazo de oso no me tomó desprevenido—. ¡Mírate! Tienes un aspecto estupendo —aseguró mientras se sentaba a mi lado.

—Gracias —contesté, sonriendo—. La verdad es que me siento bastante bien.

—¡Ah!, amigo mío, ¡la energía del corazón es capaz de resucitar a un muerto!

—Sí. —Suspiré—. Supongo que no estaba muy vivo, ¿verdad?

—Yo diría que estabas insensibilizado. Tus días de dolor empezaron a romper ese letargo emocional y ahora estás avanzando muy rápido en el camino hacia la riqueza interior. Dime, ¿qué tal te ha ido por aquí?

—Al principio tenía tanto miedo que a duras penas me atrevía a salir de mi caseta. Aceptar que podía volver a interesarme por la medicina ha sido algo inesperadamente difícil. Sin embargo, con el paso de los días me he ido sintiendo cada vez más cómodo. Incluso he llegado a disfrutar como no recordaba en mucho tiempo.

Daniel me escuchaba y asentía con evidente satisfacción.

—Cuando todavía eras muy joven, tuviste que asumir una gran responsabilidad para poder superar una difícil situación familiar. Esa experiencia te ha llevado a asumir la falsa creencia de que debes privarte siempre de aquello que verdaderamente deseas. Es una actitud errónea que debes aprender a reconocer, ya que te ha llevado a dejar de cuidar y de querer a la persona que más lo necesita: tú mismo.

»A veces necesitamos concedernos lo que merecemos para poder acercarnos más a lo que necesitamos.

Una parte de ti sabía que asumir eso implicaría una importante transformación en tu mundo interior, y de ahí surgía todo ese miedo que sentías.

Miré fascinado y en silencio a aquel hombre. No dejaba de sorprenderme su capacidad para entender mi mundo emocional con la facilidad de quien lee un cuento para niños.

—Tu entrenamiento aquí perseguía un doble objetivo —continuó Daniel—. Por un lado, debías trabajar un poco más esos miedos que mencionas. Aunque, en realidad, eso es algo que has estado haciendo desde el momento en que decidiste acompañarme. La aceptación de la rabia y el miedo completan la primera fase de tu trabajo emocional, ya que no parece que tengas problemas con la tristeza reprimida.

»El segundo objetivo de tu estancia aquí consistía en empezar a estimular tus sentimientos más poderosos a través de la acción. Ese es el motivo más importante por el que estás aquí.

—¿Qué quieres decir exactamente con eso de los sentimientos... poderosos?

—Como ya te expliqué, atreverte a sentir tus miedos sin dejar que estos te paralicen implica fortalecer tu autoconfianza. A quien haya desarrollado lo suficiente esta cualidad no le importará la situación límite que esté experimentando, ni siquiera el miedo que esté sintiendo. Siempre habrá un lugar en su corazón, más allá de toda lógica, que le hará saber que todo irá bien. De hecho, decidir actuar mientras aceptamos nuestros temores es mucho más que un ejercicio; es una actitud que da lugar a una forma de vida.

Asentí con decisión en silencio, mientras me prometía a mí mismo no darle nunca más la espalda a mis temores y tratar de desarrollar todo lo posible aquella poderosa cualidad.

–La segunda emoción capacitadora que podías estimular en este lugar también sale del corazón. Cuando nos damos la oportunidad de hacer algo por alguien de forma completamente desinteresada, desarrollamos la cualidad de la autoestima.

»La autoestima es el primer brote de amor puro que surge de nosotros... hacia nosotros. Es el sentimiento que brota de nuestro corazón una vez que se han derretido los hielos que lo cubrían como una coraza. Nos impulsa a cuidarnos con cariño y comprensión, a entusiasmarnos por alcanzar aquello que nos ilusiona, a disfrutar de cada experiencia. Se trata de la energía del amor... que actúa sobre nosotros mismos.

»Es importante destacar que es la única energía capaz de sanar nuestras heridas emocionales relacionadas con la falta de afecto. Y créeme cuando te digo que casi todo el mundo tiene en su corazón heridas afectivas, Nicolas. Padres que no han atendido bien a sus hijos, relaciones amorosas que terminan de forma dolorosa, amistades que se pierden...

»Son situaciones en las que nuestro centro emotivo queda dañado en algún momento del pasado, especialmente a lo largo de nuestra infancia. Más tarde, ya de adultos, creamos una serie de actitudes para proteger dichas heridas y llegamos a convencernos de que forman parte de nuestra manera de ser. Pero ¡solo son máscaras!

»El efecto de una crisis hace que dichas máscaras se rompan. En cierto modo, una crisis personal es la solución que nos ofrece la vida para que dejemos de engañarnos. Es un proceso doloroso, pero también necesario, ya que es el único modo de que podamos recuperar nuestra verdadera naturaleza compasiva.

»La autoestima es el primer cambio importante en dicho proceso. Sin embargo, como el resto de nuestras emociones capacitadoras, no aparece "porque sí". Es necesario, en primer lugar, disponer de la energía vital suficiente y, en segundo lugar, dedicar una parte de dicha energía a dar sin esperar nada a cambio.

–La verdad es que no me considero alguien especialmente generoso –reconocí–. Aunque sí me gusta hacer pequeños regalos a las personas que aprecio.

La mirada de mi instructor brilló con especial intensidad.

–Esto que te voy a decir puede ser difícil de aceptar, pero lo cierto es que la mayor parte de las ocasiones en que regalamos algo lo hacemos persiguiendo algo a cambio. Un acto impersonal es dar sin considerar quién es esa persona, sin que te importe que no lo agradezca o que no sepa valorar lo que le has ofrecido.

–Ya veo –murmuré, pensativo–. Y ¿crees que el hecho de trabajar aquí ha estimulado en mí ese tipo de actitud... altruista?

–Así es. El contacto con los niños y el hecho de poder ayudarles de la mejor manera posible, aunque sepas que no los vas a volver a ver cuando se marchen, o incluso aunque sepas que nada de lo que hagas podrá sanarlos completamente. Todo ello, sin duda, ha significado un auténtico estímulo en tu capacidad para amar.

–Lo cierto es que me siento mejor, Daniel –reconocí–. Desde hace poco me embarga una especie de...

agradable calidez que siempre me acompaña. También he vuelto a sentir entusiasmo por nuevos proyectos, y eso es algo que pensaba que no volvería a sentir nunca más. ¿Sabes?, creo que poco a poco empiezo a entender tu concepto de "riqueza interior".

Daniel sonrió con complicidad.

—Necesitamos experimentar las cosas para comprenderlas en su totalidad, amigo mío. Todavía te queda camino por recorrer, pero al final tú también comprenderás que la riqueza no es algo reservado para unos pocos, sino un tesoro disponible para todos.

»Dar de forma incondicional es un ejercicio indispensable para lograrlo. No hace falta que sea algo espectacular. El objetivo es ayudar, procurando por todos los medios que nadie sepa jamás de dónde procede dicha ayuda. Si practicas esto con persistencia, no dejarás de desarrollar tu autoestima y, amigo mío, eso te llevará a comprender el verdadero significado de la plenitud.

—¿Plenitud? ¿Se trata de otra cualidad?

—En efecto. Aunque es... un tanto difícil de describir. La plenitud surge de la fusión entre la autoconfianza y la autoestima. En lenguaje emocional es lo más parecido a la felicidad o a lo que yo llamo "riqueza interior". Pero todavía faltan ciertos pasos para llegar hasta ella.

–Seguro. –Sonreí, ansioso de conocer las próximas pruebas que me esperaban–. ¿Faltan muchas sorpresas más?

Daniel asintió con su expresión de niño travieso.

•••

El avión ganaba altura mientras dejábamos atrás la ciudad de Jalandhar.

Mi estancia en aquel lugar había despertado algo muy especial en mí y sabía que recordaría aquellos días como una de las experiencias más especiales de mi vida.

No resultó fácil despedirme de Elisa, a pesar de que ella me aseguró que nos volveríamos a ver. Fui capaz de reconocer que aquella mujer tenía algo que me perturbaba y me atraía a la vez. De hecho, su compañía resultaba más agradable de lo que yo mismo estaba dispuesto a admitir y eso me había obligado a volver a recordar los días más felices junto a mi exmujer.

Fue entonces cuando descubrí que el día en el que Sara me abandonó había dejado de ser un recuerdo tan doloroso. Por alguna razón, ahora podía comprender su decisión y me sentía dispuesto a tratar de recuperar mi relación con ella.

Suspiré profundamente mientras apartaba los ojos de la ventanilla y me obligaba a dejar de mirar el lugar del que nos alejábamos.

Sin duda, lo más doloroso de aquella despedida había sido dejar allí a los pequeños de la unidad de cuidados intensivos. Cuando fui a visitarlos por última vez, llevaba los bolsillos llenos de caramelos y juguetes. Me recibieron con el acostumbrado griterío, compitiendo entre ellos para reclamar mi atención desde sus camas.

Lo que no esperaba es que me hubieran preparado su propio regalo de despedida.

Miré apesadumbrado los finos brazaletes de hilo de múltiples colores en mi muñeca y noté cómo se me humedecían los ojos al recordar sus rostros.

—Hay un tiempo para todo —dijo Daniel en voz baja desde su butaca—. Más delante, si así lo deseas, podrás volver. Sin embargo, ahora hay que seguir adelante con tu entrenamiento.

—Estoy preparado —repliqué con firmeza. Lo cierto es que me sentía listo para cualquier cosa que pudiera venir a continuación.

—Como recordarás, la rabia es la más superficial de las emociones desagradables, seguida de la tristeza y del miedo, este último en el lugar más profundo. A las tres se las consideran emociones limitadoras básicas, pero existe una cuarta que suele actuar desde lugares aún más recónditos de nuestro subconsciente. Me refiero a **la culpa.**

—Bueno, en este tema me siento bastante bien –mencioné con cierta suficiencia–. No creo que sea una emoción que me afecte mucho.

—Esa es la percepción que tienes... Pero como he dicho, se trata de la emoción más difícil de percibir. Actúa lastrando nuestra capacidad de amar y se oculta bajo otras emociones limitadoras que llaman más nuestra atención. Sin embargo, no es casualidad que la gente hable del "peso de la culpa".

»Te propongo lo siguiente: busca en tu memoria situaciones dolorosas que todavía, en la actualidad, estén pendientes de resolución. Deben ser experiencias en las que hayas estado involucrado directamente y consideres que, de alguna manera, cometiste algún error.

Seguí las instrucciones de Daniel y me sorprendió la rapidez con la que surgió en mi mente algo que se ajustaba a aquellas condiciones.

—Mi matrimonio. Creo que ha fracasado, en parte por mi culpa. He dedicado demasiado tiempo al trabajo y no he sabido cuidar mi relación con Sara. Cuando perdí mi trabajo y me vine abajo, la relación ya estaba muy dañada y, bueno, ella no pudo soportarlo.

—A todos nos deberían enseñar, desde muy pequeños, que todo ser humano tiene el derecho de poder equivocarse cuantas veces necesite. El problema no está en nuestros errores, sino en la forma que tenemos de asumirlos. Pero tu corazón ahora es más poderoso, Nicolas. Quiero que cierres los ojos y te recuerdes a ti mismo. Recuérdate tal como eras en aquel momento de tu vida.

Me vi a mí mismo desayunando a toda prisa en nuestro piso, mientras Sara me observaba con una taza de café entre las manos. Había pena en aquellos ojos, pero yo solo pensaba en los problemas que me esperaban en la oficina.

En poco tiempo, aquella mirada de tristeza se convirtió en indiferencia. Los fines de semana, las vacaciones, los momentos que estábamos juntos pasaron a ser una rutina cada vez más vacía de ilusión.

Comprendí que una parte de mí no quería prestarle atención a todo aquello, ya que conducía a un lugar inestable y peligroso. A un lugar que no sabía controlar... Pero la realidad que ya no podía negar era que había perdido a mi mujer mucho antes de que ella me abandonara.

Mientras recordaba todo aquello, empecé a sentir un dolor sordo y profundo en la zona del pecho y me invadieron unas ganas irresistibles de llorar.

—Está bien, Nicolas. Solo es un poco de tristeza —dijo Daniel a mi lado—. Ya sabes lo que tienes que hacer. No reprimas las lágrimas, deja que surjan. Ahora imagina a tu *yo* del pasado como si fuera un niño. Hazlo con todo detalle.

»Fíjate que es un niño que tan solo está aprendiendo a través de esas circunstancias. Lo hace lo mejor que sabe, pero no puede evitar hacerse daño a sí mismo. Imagina que ese niño herido es uno de los que has estado atendiendo en el hospital. ¿Qué sientes hacia él?

—Siento... compasión —susurré entre lágrimas, aún con los ojos cerrados.

Daniel no dijo nada más. Su silencio me permitió ahondar en esa nueva sensación de compasión hacia mí mismo y los errores que creía haber cometido a lo largo de mi matrimonio.

—El perdón no es el remedio para la culpa, sino el amor —dijo en voz baja mi compañero tras un buen rato—. El concepto del perdón es una trampa. No hay nada que perdonar para aquel que es capaz de conectar con su capacidad de amar. Por ese motivo, la culpa solo puede ser sanada cuando la persona ha sido capaz de despertar en sí misma un poco de autoestima, tal como tú ya has hecho.

Asentí suavemente mientras atendía a las palabras de mi amigo. Me sentía triste y, al mismo tiempo, tenía la sensación de haberme quitado un gran peso de encima.

—Muchas gracias, Daniel. —De repente sentí una profunda sensación de gratitud hacia aquel ser extraordinario que se había cruzado en mi vida—. De verdad, nunca olvidaré lo que estás haciendo por mí.

Mi compañero sonrió complacido.

—La gratitud es síntoma de un corazón contagiado de amor, mi querido doctor.

## CAPÍTULO 11

# VALORES

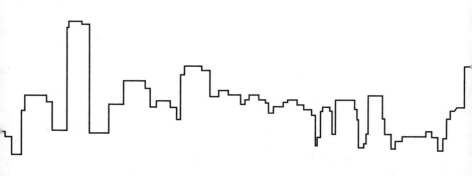

**T**arde o temprano, sentimos el irrefrenable impulso de dar sentido a nuestra vida, de conocer ese propósito por el cual estamos dispuestos a cualquier cosa.

El avión se zambullía en el inmenso mar de luces que formaba nuestro próximo destino. Estábamos a punto de llegar.

–Ser conscientes de ello es fundamental para alcanzar nuestra riqueza interior –añadió Daniel mientras se abrochaba el cinturón de seguridad–. Nos otorga nuevas alas y nos da la posibilidad de volar más alto, de ver las cosas desde una nueva perspectiva y de servir a los demás.

»Pero antes de descubrir nuestro rumbo debemos

darnos cuenta de que navegamos a la deriva. Entonces surge la sensación creciente de que nos falta algo fundamental en nuestra vida cotidiana.

»Algunos viajan lejos, cambian de pareja o de país, suben montañas, arriesgan sus vidas... buscando eso que les falta y que ni ellos mismos conocen. Pero lo hacen en el lugar equivocado. Solo existe un lugar donde encontrar nuestro propósito vital, Nicolas —dijo mientras señalaba hacia su propio pecho—, y no es en el exterior.

Miré sorprendido a mi compañero. Deduje que aquel arrebato filosófico tenía algo que ver con el lugar en el que estábamos a punto de aterrizar. Miré de nuevo, con renovada curiosidad, hacia el inmenso mar de luces al que nos aproximábamos.

—Bienvenido a Tokio —dijo Daniel—. Aquí aprendí cuestiones fundamentales que me ayudaron a conocer mi **propósito de vida**, y espero poder ayudarte a que tú también lo consigas.

—Pensaba que se trataba de no saber el destino...

—Te ibas a enterar en unos instantes —dijo, sonriendo—. Además, veo que vas haciendo progresos en esto de dejarte llevar.

Lo cierto es que incluso empezaba a disfrutar de

ello. Había comprendido que el secreto estaba en dejar de luchar y abandonar toda necesidad de anticipación.

Logrado eso, resultaba casi inevitable vivir de una forma mucho más intensa lo que ocurría a cada instante, en cada momento.

●●●

Tomamos un taxi hasta un lujoso hotel en el distrito de Ginza, en el centro de la ciudad. Dejamos todo nuestro equipaje en las habitaciones y Daniel me pidió que lo acompañara.

Salimos a la calle y, después de caminar unos minutos, entramos en un minúsculo local.

Una barra de madera oscura ocupaba gran parte de la reducida sala, con diez taburetes alineados y solitarios enfrente. Un anciano sonriente acudió a recibirnos y, tras varias referencias, se dirigió a Daniel en japonés. Mi compañero correspondió saludando con educación del mismo modo y, para mi sorpresa, replicó en su idioma con aparente fluidez.

Nuestro anfitrión me miró brevemente mientras se ajustaba sus grandes gafas doradas. Luego asintió con expresión de comprensión, me dedicó su enésima reverencia y desapareció por una discreta puerta tras la barra.

—No me digas que vamos a tomar sake —dije, medio en broma, medio en serio—. Ya sabes que he dejado el alcohol.

—No estamos en una taberna, sino en un restaurante muy especial. Conozco a Jiro desde hace muchos años y ha tenido la delicadeza de reservarnos un hueco en su solicitada agenda.

—Entonces, ¿hemos venido aquí para... cenar? —pregunté un tanto confundido.

—Así es. Disfruta de la cena, pero no dejes de observar al chef con atención —respondió, sin añadir más detalles.

Mientras nos sentábamos, observé detenidamente el pequeño local. Destacaba el orden y la pulcritud en la sencilla sala, pero no vi nada que llamara en especial mi atención.

El anciano reapareció y se puso a preparar piezas de sushi ante nosotros, compactando el arroz con sus propias manos. Las fue sirviendo una a una en una pequeña bandeja negra, mostrando seriedad y completa concentración en la elaboración de cada pieza. Su habilidad era impresionante. Tuve la sensación de que se movía siguiendo un ritual, una especie de danza que había perfeccionado en cada uno de sus movimientos.

Y entonces probé el primer bocado.

Aquello no tenía nada que ver con lo que había probado antes. De hecho, jamás había saboreado algo tan exquisito en mi vida. La cena consistió exclusivamente en diferentes piezas de sushi, pero cada una de ellas me pareció mejor que la anterior. Cada bocado enlazaba a la perfección con el siguiente, formando una melodía de sabores absolutamente perfecta.

Terminamos en unos veinte minutos y Daniel intercambió unas palabras con el anciano cocinero, que sonreía con expresión satisfecha.

—¿Qué te ha parecido?

—Bueno, ¿qué puedo decir? Esto no es una cena, ¡es una obra de arte!

—Me alegro de que te haya gustado. Ten en cuenta que nos encontramos en un lugar muy especial, ya que se trata del mejor restaurante de sushi del mundo. Su propietario ha dedicado su vida a perfeccionar los platos que acabamos de probar. ¿Cuál crees que es el ingrediente esencial que lo ha convertido en el mejor?

—Supongo que sentir una gran pasión por lo que hace —respondí—. Verlo trabajar es observar a alguien completamente sumergido en su profesión. No creo que le sea posible alcanzar tal grado de excelencia a alguien que no ama su trabajo.

—¡Cierto! Estoy totalmente de acuerdo, Nicolas. Sin embargo, mi pregunta va más allá. Estoy seguro de que en Japón existen otros chefs enamorados de su profesión. Sin embargo, nadie duda de que Jiro es el mejor. ¿Qué es entonces lo que lo hace especial?

Pensé durante unos largos instantes sobre aquello, pero no encontré ninguna respuesta.

—La diferencia fundamental —respondió Daniel finalmente— es que mi amigo chef conoce y respeta con sagrada devoción sus valores personales. Esa es la enseñanza que quiero ofrecerte en el día de hoy y el primer trabajo en esta nueva fase de tu entrenamiento.

Miré a Daniel sin entender.

—Los valores son nuestras creencias más profundas y poderosas —explicó—, aquello realmente importante en nuestra vida. Son nuestros principios mentales fundamentales, la causa de todos nuestros verdaderos deseos y propósitos y, por tanto, de todo aquello que logremos en nuestra vida. Conocerlos y respetarlos es un trabajo fundamental para quien aspira a abrazar su propia riqueza.

—Ya veo. Sin embargo, no acabo de entender qué utilidad puede tener ser consciente de algo así para alcanzar el éxito.

—¿Cómo ha llegado a ser el propietario de uno de los mejores restaurantes del mundo? —preguntó Daniel mientras señalaba el lugar donde nos encontrábamos—. Algunos de los valores personales de Jiro son el honor, el amor por la profesión, la disciplina y el constante autoperfeccionismo.

»A diferencia de la mayoría, él es plenamente consciente de sus valores, lo cual le permite **ser coherente** con ellos cada día de su vida. No hay contradicciones en su modo de actuar que puedan malgastar su energía, solo la voluntad de hacer lo que realmente quiere hacer. Ese es el verdadero secreto de su éxito.

»Pero lo más significativo es que esa receta es aplicable a cualquiera de nosotros. Una parte muy importante de la riqueza interior se basa en llegar a saber cuál es nuestra verdadera vocación. Pero eso solo lo puede hacer quien conoce sus valores fundamentales y decide permitir que estos sean los que lo conduzcan a través de cada decisión que toma en su vida. En realidad, se trata de algo lleno de sentido común: necesitas saber qué es lo que más te importa para poder tomar las decisiones más certeras que te conducirán hasta allí.

–Está claro. Me has convencido. Conocer y respetar nuestros valores es muy importante. Pero ¿cómo se consigue?

–¿Recuerdas el "mapa" de tu riqueza exterior? ¿Aquellos sectores que determinaban las diferentes áreas de tu vida?

Asentí, frunciendo el ceño. No me había gustado la experiencia de comprobar que la mayoría de mis sectores eran un desastre.

–Bien. Pues hazte la siguiente pregunta: ¿qué clase de sentimientos tendrías si ese mapa fuera perfecto?

–¿Perfecto? ¿Te refieres a tener un diez en todos los sectores?

No me resultaba fácil imaginar una vida en la que mis amistades, mi profesión, mi salud, mi pareja y mi situación económica fueran perfectas. Pero traté de pensar en cómo me sentiría.

–Bueno, si mi vida fuera perfecta, supongo que habría recuperado a mi mujer, y las cosas se habrían arreglado entre nosotros.

–Y ¿qué crees que te aportaría eso?

–Supongo que cierta estabilidad emocional –titubeé.

—Y el hecho de tener estabilidad emocional, ¿qué le aportaría a tu vida?

—Seguridad —respondí de inmediato.

—¡Pues ahí tienes un valor para tener en cuenta! —exclamó, antes de darle un pequeño sorbo a una taza de té.

—Y ¿cómo lo sabes?

—El proceso para detectar valores personales consiste en profundizar a partir de algo que consideres importante o valioso en tu vida. La mayoría de la gente no quiere en realidad muchas de las cosas que desea, sino que, de un modo inconsciente, anhela alcanzar los valores que ocultan esas cosas.

—Creo que me he perdido...

—Lo que la mayoría cree que quiere no es lo que realmente quiere, y mucho menos lo que necesita. Se trata de un problema que aleja a demasiadas personas de la verdadera riqueza.

—Pero entonces, eso significa que el verdadero motivo por el que quiero arreglar las cosas con mi mujer es para sentirme... ¿seguro?

—Bueno, lo has dicho tú, no yo —puntualizó Daniel, con un brillo en la mirada—. Este tipo de reflexión sincera sobre tus propios valores personales te permitirá descubrir que algunas cosas a las que tanta importancia otorgabas solo son medios para alcanzar algo mucho más importante y profundo. No siempre es fácil asumirlo, pero te aseguro que siempre merece la pena.

Dicho esto, pronunció algo en japonés y al instante apareció de nuevo el anciano chef. Tras un breve y cordial intercambio por parte de los dos, salimos de aquel pequeño restaurante y caminamos de regreso hacia el hotel.

—Dime, ¿qué más sentiría esa versión ideal de ti mismo en su vida perfecta?

Respiré con cierta tensión el aire de la noche. Aquel ejercicio no estaba siendo fácil, pero traté de concentrarme en responder aquella pregunta.

—Supongo que también me sentiría... millonario. El único modo que se me ocurre para tener un diez en el terreno económico es estar forrado de dinero.

—Y ¿qué aportaría a tu vida el hecho de ser una persona millonaria?

—Podría comprar cualquier cosa que quisiera y me codearía con la alta sociedad.

—Y qué te ap...

—Sí, sí. Qué me aportaría eso, ¡ya sé! —interrumpí mientras buscaba una respuesta—. Lo cierto es que jamás me había preguntado algo así. Siempre he dado por hecho que pertenecer a la clase más pudiente es una meta deseable para cualquiera –dije, pensando en voz alta.

–Es posible. Pero precisamente haces este ejercicio para descubrir lo que tú quieres y no lo que desea la mayoría.

Esa afirmación me desconcertó y, al mismo tiempo, hizo que surgiera en mi mente una respuesta.

–Reconocimiento –dije con cierta cautela–. Creo que el motivo más poderoso que se esconde tras mi deseo de ser millonario tiene que ver con... el reconocimiento de quienes me rodean.

–¡Muy bien! Prueba profundizando un poco más. ¿Qué crees que te aportaría poseer todo ese reconocimiento?

–Sensación de autovalía –respondí, esta vez con mucha más convicción.

–Perfecto, Nicolas. Ahí tienes otra cuestión de gran importancia para ti, la autovalía. Es decir, el sentimiento de que eres alguien valioso. Esa es la razón verdadera, o al menos una de las más importantes, por las que deseas abundancia económica.

Caminamos en silencio hasta el hotel. Entendí que

Daniel quería darme tiempo para asimilar mis propias conclusiones.

—El ejercicio que te propongo —dijo Daniel mientras esperábamos el elevador— consiste en que te formules las preguntas necesarias para descubrir los valores que se esconden tras el resto de los sectores de ese mapa de vida perfecta. Pregúntate repetidamente qué te aportaría el hecho de tener lo que deseas, hasta que no puedas encontrar nuevas respuestas o des con una que sea especialmente intensa o rotunda.

»Tómatelo como una especie de juego y trata de no poner demasiada carga emocional en el asunto —me advirtió—. Ten en cuenta que nuestros valores pueden cambiar a lo largo de nuestra vida y que lo importante es conocerlos para poder ser coherentes con ellos.

• • •

—Buenos días, Nicolas.

—Buenos días —respondí divertido al comprobar que éramos los únicos que ocupábamos el gimnasio del hotel a esas horas de la mañana.

—¿Qué tal te ha ido? ¿Tienes la lista?

—La tengo, aunque no ha sido fácil —admití. Aquella

era una manera un tanto suave de decirlo. Me había pasado gran parte de la noche trabajando en aquello hasta estar lo bastante seguro.

—Mis valores personales son: seguridad, autovalía, servicio, poder, amor, diversión, vitalidad y honestidad.

—¡Bien hecho! —aprobó satisfecho el hombretón mientras corría en la cinta—. Ahora solo tienes que ordenarlos según su importancia.

—No estoy seguro de si voy a saber hacerlo, Daniel —respondí tras pensar unos instantes—. Descubrir mis valores no ha sido nada fácil, pero ordenarlos por importancia me parece un ejercicio demasiado abstracto para mí.

—Tranquilo, te mostraré cómo hacerlo. En primer lugar, trata de ordenarlos de forma aproximada, sin preocuparte demasiado por hacerlo correctamente. A continuación, debes enfrentar los valores entre sí. Es decir, supongamos que no sabes si el amor es más importante para ti que la diversión. En ese caso, debes imaginar dos situaciones muy diferentes. En la primera de ellas, una vida llena de amor, pero escasa de diversión, y en la segunda, el escenario contrario, es decir, una vida plena de diversión, pero vacía de amor. Finalmente, trata de sentir qué tipo de situación te parece menos mala.

Pude ver que el amor era más importante para mí que la diversión. Planteado de ese modo, el ejercicio no parecía tan difícil...

–Tómate el tiempo que necesites para realizar todas las comparaciones hasta tener tu jerarquía de valores personales –sugirió Daniel, mientras miraba con aire crítico un grupo de mancuernas.

Luego me propuso que nos reuniéramos en la entrada del hotel al cabo de unas cuantas horas. Yo decidí desayunar en mi habitación para poder concentrarme en aquella tarea.

No fue fácil. Sin embargo, al mediodía tenía mi lista terminada, y yo mismo me sorprendí al ver el resultado.

• • •

–Amor, servicio, autovalía, honestidad, seguridad, vitalidad, diversión y poder –dijo Daniel leyendo en voz alta mi libreta mientras salíamos del hotel–. ¿Qué te parece el resultado?

–¡Sorprendente! No era consciente de lo importante que es para mí el amor o la sensación de hacer algo útil para los demás.

—Ten en cuenta que ya no eres el mismo Nicolas de hace unas semanas —advirtió—. Nuestros valores cambian con nosotros, por eso es positivo mirar en nuestro interior cada cierto tiempo y asegurarnos de que no es necesario modificar el orden de la lista o añadir algún valor nuevo.

Caminamos en silencio por las lujosas calles de Ginza mientras pensaba en todo aquello.

—Es muy interesante este ejercicio —dije finalmente—. Sin embargo, no alcanzo a ver su aspecto práctico. Ahora que conozco mis valores personales, soy consciente de qué es lo que de verdad me importa, pero sigo sin saber qué debo hacer para tener una vida mejor.

—Te preguntas cómo materializar tu riqueza exterior... pero recuerda que todavía estamos trabajando en la interior. Nos hemos ocupado de tu energía física, de tus emociones y, ahora, por medio del reconocimiento de tus valores, hemos empezado con el aspecto mental. Confía en mí —dijo mi instructor con un guiño—. Cuando termines esta preparación, sabrás con exactitud qué pasos debes dar para materializar la vida con la que sueñas.

• • •

Daniel llamó a un taxi y rápidamente nos sumergimos en el tráfico de Tokio. Tras cruzar la ciudad, entramos en un recinto de espacios abiertos, grandes edificios y extensiones interminables de césped. Aquel lugar tenía todo el aspecto de ser una zona universitaria.

—No pienso preguntarte qué vamos a hacer aquí —comenté entre divertido y curioso.

—Nos encontramos en el instituto Reiken y vamos a presenciar el último gran avance mundial en tecnología láser.

—¿Tecnología láser? —repetí, perplejo. Aquel hombre no dejaba de sorprenderme.

—Así es. Mi grupo inversor tiene participaciones en una de las empresas involucradas en la construcción del láser más potente del mundo, aunque se trata de un proyecto innovador que no estará finalizado hasta dentro de un tiempo. Sin embargo, un equipo japonés ha logrado una serie de importantes avances en esta materia y han sido tan amables de invitarnos a presenciar una pequeña demostración.

—Es fascinante, Daniel. Pero ¿qué interés tiene para ti este sector de la tecnología?

—Muy sencillo. Concentrar enormes cantidades de energía dirigida puede significar el fin de grandes problemas para la civilización. Hablo de disponer de recursos energéticos limpios e ilimitados gracias a la fusión nuclear o de lograr la erradicación del cáncer, entre otras muchas posibilidades.

—¡Fantástico! No lo sabía —admití, sorprendido—. Nunca se me hubiera ocurrido que estuviera relacionado con cuestiones tan importantes.

Mientras Daniel me daba más detalles sobre alguna de esas interesantes aplicaciones, entregamos nuestros pasaportes en la puerta de seguridad, y en pocos minutos vino a recibirnos un grupo de científicos rebosantes de cordialidad japonesa.

Nos condujeron hasta un gran laboratorio repleto de ordenadores. Miré con curiosidad a mi alrededor, buscando algo que tuviera aspecto de lanzar rayos capaces de pulverizar cualquier cosa, pero en ese momento las luces de la sala se apagaron y los científicos dejaron de hablar.

Con los ojos bien abiertos contuve la respiración y me preparé para el espectáculo.

## CAPÍTULO 12

# CONCENTRACIÓN

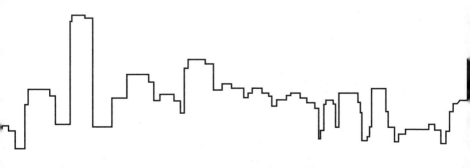

**N**os dirigíamos hacia la estación para tomar el tren bala. Como de costumbre, mi compañero de viaje solo mencionó que viajaríamos hacia el sur del país, aunque en aquella ocasión también me entregó una mochila con ropa para hacer senderismo.

Reprimí el impulso de preguntar por los detalles y me dediqué a recordar la reciente experiencia en la universidad japonesa, hacía tan solo veinticuatro horas.

La demostración no fue tan espectacular como esperaba, aunque debía admitir que mis conocimientos sobre aquel tema eran prácticamente nulos. Para mí, el láser no era más que luces destructoras propias de la ciencia ficción.

Cuando apagaron las luces del laboratorio, nuestros anfitriones proyectaron en una gran pantalla las imágenes en directo de una pequeña cámara esférica. Estaba iluminada por una extraña luz verdosa y repleta de arriba abajo de sensores y aparatos. En aquella pequeña sala era donde iba a suceder todo.

El experimento empezó y finalizó en menos de un segundo.

De hecho, el proceso fue tan rápido que tuvieron que mostrarnos la grabación ralentizada de lo que había sucedido para poder apreciarlo a simple vista. Todo consistió en un intenso, pero breve, destello azulado y en un fuerte sonido de disparo, muy parecido al de un arma de fuego.

Daniel parecía muy emocionado con todo aquello. Me explicó que el objetivo era concentrar una enorme cantidad de energía en forma de rayos X en un punto minúsculo durante un lapso de tiempo increíblemente pequeño. Era algo que ya se había hecho antes, pero la novedad radicaba en que los científicos japoneses lo habían logrado utilizando dos rayos de frecuencias diferentes al mismo tiempo, lo cual abría nuevas posibilidades en el estudio de la materia y de la energía.

–Los humanos aún somos como niños pequeños en

lo que respecta al uso inteligente de nuestros recursos energéticos –añadió–. Todavía somos egoístas y descuidados con los recursos disponibles, pero algún día estaremos preparados para dar un gran salto evolutivo en este terreno. De hecho, estoy convencido de que existe una relación directa entre el conocimiento de nuestro mundo interior y el de la ciencia que estudia nuevas fuentes de energía. Creo que ambos campos del conocimiento están estrechamente relacionados, y cuanto más sepamos de uno de ellos, más sabremos del otro.

»Si consideramos que los seres humanos no dejamos de evolucionar y que cada vez existen más personas que saben gestionar de forma adecuada sus propios recursos personales, pronto llegará el día en que seremos merecedores de nuevas fuentes de energía física, mucho más poderosas, abundantes y sostenibles que las actuales.

$$\bullet \bullet \bullet$$

El aerodinámico morro del tren de alta velocidad entró puntual en la estación.

–Entonces, ¿nos vamos de excursión? –pregunté finalmente, tratando de utilizar un tono casual.

—De peregrinaje —respondió mi compañero con aire enigmático, mientras colocaba las mochilas en el compartimento que había sobre los asientos—. Un peregrinaje muy especial, de hecho, ya que dedicaremos esta parte de tu entrenamiento al arte de prestar atención.

—No sabía que eso pudiera ser un arte...

El hombretón se acomodó frente a mí e hizo una larga pausa antes de responder.

—Podría decirse que hasta ahora has estado aumentando y depurando tu energía interior. Sin embargo, toda esa energía será improductiva, incluso dañina, si no aprendes a canalizarla adecuadamente a través de una mente disciplinada.

—Ya veo. Supongo que me estás hablando de concentración. —Empezaba a adivinar la relación que guardaba todo aquello con la visita al instituto Reiken.

—Así es —confirmó—. Se trata de la capacidad de la mente para pasar de una nube dispersa de luces intermitentes y caóticas a un poderoso rayo dirigido por nuestra voluntad. Aprender a dominar ese rayo es el último obstáculo que nos separa de nuestra riqueza interior. Debes tener en cuenta que, salvo algunos casos extraordinarios, todo ser humano vive hipnotizado por el más hábil de los manipuladores.

—¿A quién te refieres?

—A nuestra propia mente, por supuesto. Ya te he explicado que eso que llamamos *mente* no es más que un aspecto de nuestra energía interior. Pero se trata de nuestra herramienta más capaz, ya que desde ese nivel es posible gobernar a los demás. De hecho, es tan poderosa que vivimos bajo su control sin ser conscientes de ello. ¡Date cuenta de la magnitud de lo que afirmo, Nicolas! —insistió mi compañero con vehemencia—. Una parte de nosotros es tan poderosa que nos domina a nosotros, que somos sus dueños. Quien es capaz de gobernar su mente se gobernará de forma plena a sí mismo y, por tanto, a su propia vida.

»El desarrollo de la concentración es el camino para lograrlo. Absolutamente todo lo que necesitamos como individuos y como especie humana confluye en el perfeccionamiento de esa única cualidad.

—Pero si es tan importante, ¿por qué no hemos empezado directamente en ese punto? Quiero decir que por qué invertir tiempo y esfuerzo en otros aspectos de nosotros mismos si dominando la mente es posible conseguirlo todo.

Daniel sonrió, complacido por el hecho de que le hubiera formulado aquella pregunta.

—Muchos piensan igual que tú y, por eso, centran su trabajo interior exclusivamente en el plano mental. Sin embargo, mi experiencia me ha enseñado que esa forma de trabajo es útil solo para aquellos pocos, muy pocos, que disponen de una gran capacidad innata para el dominio de su mente.

»Para la gran mayoría, la influencia de las emociones y del estado físico es demasiado importante como para no ser considerada. Si observas tu propia experiencia, podrás comprenderlo.

Recordé mis niveles de energía física y mi estado de ánimo de unos meses atrás. Ciertamente, me hubiera resultado bastante difícil concentrarme en otra cosa que no fuera mi propia negatividad.

—De hecho —continuó Daniel—, no hace falta vivir profundas crisis para que nuestra mente se vea influida por nuestras emociones más limitadoras. Muchas personas viven dominadas por los efectos de las heridas del pasado y no se dan cuenta, ya que dichos conflictos actúan desde el subconsciente.

»Resulta inútil decirles a esas personas: "¡Deja de preocuparte! ¡Concéntrate en el presente! ¡Cambia tu estado de ánimo!". Quizá puedan conseguirlo durante unos instantes, pero nunca con una eficacia real.

Miré pensativo a través de la ventanilla del tren. Un bonito paisaje pasaba ante mí a más de trescientos kilómetros por hora. Lo que decía Daniel tenía mucho sentido. Rememoré nuestro primer encuentro, cuando me advirtió que estaba cegado por mis propias emociones.

Ahora podía comprenderlo.

●●●

Llegamos a la ciudad de Shingu, donde dejamos el tren para empezar la caminata. Tras cruzar un bucólico puente de madera, seguimos un sendero que se internaba en un frondoso bosque. La vegetación de aquel lugar era diversa y parecía antigua, casi como si perteneciera a otra época.

—Bienvenido al Kumano Kodo —dijo mi compañero mientras caminaba con jovialidad. —Junto con el camino de Santiago en España, es la única ruta de peregrinación reconocida por la Unesco. Desde hace más de mil años, emperadores y campesinos han recorrido estos bosques por igual para orar a sus dioses. Tiempo atrás, tras la muerte de mi mujer y de mi hijo, yo también acudí a este lugar en busca de respuestas. Y no se me ocurre mejor sitio para continuar con tu entrenamiento mental. Así que, si te parece bien, vamos a empezar. Quítate las botas, por favor.

Lo miré mientras reprimía las ganas de pedirle que repitiera lo que había escuchado perfectamente.

–Que me quite las botas... –dije mientras suspiraba resignado y desanudaba mis agujetas. –Me explicarás al menos ¿en qué consiste el ejercicio?

–Por supuesto. Siempre lo hago, ¿no? –dijo divertido–. Es muy sencillo. Lo único que debes hacer es seguir adelante... descalzo.

Así que empecé a caminar. Sentía la fría y húmeda arcilla del sendero bajo mis pies. Me sorprendió el tacto suave y agradable que ofrecía, pero, aun así, mis pasos eran cortos y cautelosos. En pocos minutos, mi zancada ganó en amplitud y seguridad, y aumenté el ritmo de la marcha.

Pero entonces pisé una pequeña piedra y una punzada de dolor me detuvo unos segundos mientras me frotaba el pie dolorido. Al ver que Daniel no decía nada, continué caminando, de nuevo de forma cautelosa.

Después de un buen rato caminando, el sendero se ensanchó y el suelo empezó a llenarse de piedras angulosas que hacían de cada paso una pequeña tortura.

—Está bien, Nicolas. Puedes volver a ponerte el calzado —dijo al fin Daniel—. Dime, ¿a qué le prestabas atención mientras caminabas?

—A las piedras... y a mis pies. Trataba de caminar evitando el dolor todo lo posible.

Daniel asintió conforme.

—La amenaza del dolor obliga a nuestra mente a dejar de divagar y a centrarse en lo que estamos haciendo. Ese estado de alerta nos permite centrarnos en algo tan simple como el acto de caminar, en lugar de dejarnos llevar por el habitual torrente de pensamientos encadenados. Sin darte cuenta, has incrementado de forma significativa tu concentración. Se trata de un pequeño truco, pero existen muchos otros.

A continuación me ofreció un pañuelo negro y lo tomé sin saber muy bien qué debía hacer con él.

—Se trata de que no veas nada —puntualizó. Luego me ayudó a vendarme los ojos hasta que el mundo se oscureció por completo.

—Bien. Continuemos nuestro camino, compañero peregrino —dijo desde cierta distancia.

Extendí los brazos hacia delante, por instinto. En un minuto había perdido la orientación y seguía el camino a través de los pasos de Daniel, que se alejaban de mí.

Pronto dejé de escuchar también aquello y empecé a moverme con cautela mientras buscaba el límite del sendero. Mis manos dieron con el rugoso tronco de un árbol, con lo que deduje que lo había encontrado.

—Bien, ahora solo debo asegurarme de no traspasar este límite —me murmuré a mí mismo.

Pero tras unos pasos más, otro grueso tronco interrumpió de nuevo mi trayectoria. Palpé a mi alrededor buscando el camino, pero solo encontré más arbustos y vegetación. Mis pies abandonaron la arcilla y empezaron a pisar sobre piedras y hojas secas.

Me detuve y agudicé todo lo posible el oído. Silencio. Solo el canto de los pájaros y el sonido del viento entre los árboles.

Me había perdido. Tenía que encontrar de nuevo el sendero, así que me moví despacio, prestándole atención a todo lo que tocaba. El sonido del bosque llegaba hasta mí lleno de matices y con mayor claridad que nunca. También estaba mi respiración agitada... y había algo más...

Parecía una presencia...

—Ya puedes quitarte esa venda, compañero. —La voz de Daniel sonó justo a mi lado y di un salto hacia atrás, sobresaltado.

—¿Cómo has hecho para acercarte tanto? —pregunté con el corazón agitado mientras me quitaba el pañuelo.

—Me he mantenido cerca todo tiempo. Puedo ser muy silencioso si me lo propongo. Pero podrías haberme localizado si hubieras puesto más atención en los sonidos.

—Bueno, empezaba a hacerlo justo ahora. ¡Es sorprendente la cantidad de sonidos que hay en este bosque!

—No más que en cualquier otro. Simplemente has agudizado tus sentidos para compensar la falta de uno de ellos. Y lo has logrado utilizando tu concentración.

Empezaba a verle el sentido a todo aquello.

—¿Sabes? Mucha gente cree que meditar consiste en "poner la mente en blanco" —continuó Daniel mientras reanudábamos la marcha—. Pero eso no es cierto. La mente no puede cesar su actividad. Lo que sí puede hacer es aferrarse a algo y no dejarlo ir. Ese acto es lo que llamamos "atención pura" o "concentración sostenida", e implica un silencio y una paz interior... difíciles de describir.

—¿A qué te refieres con que debe aferrarse a algo?

—Puede ser algo externo a nosotros, como los sonidos de este bosque o las sensaciones en las plantas de tus pies. O puede ser algo interno, como una imagen creada por nuestra imaginación, un recuerdo o el sonido de unas palabras pensadas de forma persistente. En cualquier caso, para desarrollar la concentración debe ser una sola cosa.

»Una de las maneras más sencillas de lograrlo es disfrutar de la actividad que estamos haciendo. El gozo en la acción nos lleva a la concentración, aunque la concentración también acaba culminando en el gozo, sin importar lo que hagamos.

• • •

Llegamos hasta un pequeño templo de madera con la entrada flanqueada por dos pequeños budas de piedra. Una voz profunda surgía del interior, y entonaba una oración que no pude comprender, pero que, de alguna manera, ejercía cierto efecto hipnótico y relajante.

Nos descalzamos en la puerta y entramos.

Un hombre y una mujer permanecían de rodillas ante un monje vestido con una túnica de color azafrán, que entonaba el salmo con los ojos cerrados y una expresión abstraída.

—Simplemente, trata de escuchar con toda tu atención —murmuró Daniel.

Y eso fue lo que hice... al menos durante unos segundos. Enseguida me di cuenta de que estaba pensando en una ocasión en la que había visto participar en una carrera a una mujer que corría sin calzado. ¿Cómo había llegado hasta ese pensamiento? Había empezado recordando mi experiencia de caminar descalzo por el bosque y luego...

Entonces comprendí que mientras pensaba en eso, no prestaba atención.

Me obligué a concentrarme de nuevo en la cantinela incomprensible del monje japonés. Pero mi mente se distrajo de nuevo con recuerdos y fantasías de todo tipo.

De repente, el monje golpeó un gran tambor varias veces. El sonido atronador me estremeció todo el cuerpo mientras me sacaba de inmediato del estado de somnolencia que había empezado a dominarme.

—¿Cómo ha ido? —preguntó Daniel a la salida del templo.

—No muy bien —reconocí, un tanto desmoralizado—. ¡Mi mente es un caos! Me parece que es imposible prestarle atención a una sola cosa durante más de cinco segundos.

Para mi sorpresa, Daniel lanzó una de sus estruendosas carcajadas.

—Amigo mío, lo que tenemos entre manos es algo muy importante. Se trata de desarrollar una capacidad que cambiará tu vida de una forma que no eres capaz de imaginar.

»Sin embargo, el desarrollo de la concentración implica trabajar durante un tiempo con persistencia y mucha **paciencia compasiva** hacia ti mismo.

—¿Paciencia compasiva?

—Sí. Imagina que tu mente es como un hijo rebelde que está aprendiendo a caminar y se va del sendero una y otra vez, tal como te ha pasado a ti cuando tenías los ojos vendados. Todo lo que debes hacer es volver a situarla con delicadeza en el camino correcto, es decir, en el asunto al que has decidido prestarle atención. Hazlo una y otra vez, una y otra vez...

»Cuanto más amor le entregues a tu mente, menos necesitarás preguntarte cuántas veces más deberás corregirla. Llegará un momento en que ella se mantendrá cada vez más tiempo dentro de la senda, y entonces poseerás una concentración de acero.

—Y ¿qué ocurrirá luego?

—Empezarás a ser consciente del cuarto nivel que forma tu mundo interior, aquel que se encuentra más allá de tu mente lógica: el nivel transpersonal. Al principio tímidamente, como en fugaces chispazos... Pero, tarde o temprano, esa parte de ti mismo se abrirá ante ti en todo su esplendor.

—¡Qué interesante!

—Desde luego. Se trata de la verdadera fuente de nuestra riqueza interior, ya que de ahí surgen nuestras mejores cualidades y sentimientos. Todos disponemos de un yo transpersonal, pero es necesario realizar un cierto adiestramiento de la mente para poder llegar hasta él.

—Después de habernos ocupado de nuestro aspecto físico y emocional —señalé, reflexivamente. Cada vez le veía más coherencia al trabajo que había estado haciendo aquellos meses.

Daniel me dio unas palmadas en la espalda.

—Vamos. Aún nos queda un tramo de camino hasta nuestro destino. En esta ocasión, trata de centrar toda tu atención en cada movimiento que hagas. Observa cómo caminas y cómo sientes el cuerpo al hacerlo. Cuando descubras que estás pensando en otra cosa, simplemente vuelve a centrar la atención en su lugar.

Tardamos unas horas en llegar a otro gran templo budista. Durante el camino me fui moviendo con creciente dificultad. Cuanto más observaba el movimiento de mi cuerpo, más difícil me parecía el simple acto de poner un paso tras otro. Llegó un momento en que empecé a tener serios problemas para mantener el equilibrio sobre mis pies y a pensar que no volvería a caminar nunca más como una persona normal.

–¡Daniel!

Dos monjes salieron a recibirnos, y el hombretón empezó a hablar con ellos entre sonrisas y muestras de afecto. Era evidente que había una gran confianza entre ellos.

–Estuve viviendo una larga temporada en este templo zen –explicó mi compañero mientras nos descalzábamos para entrar–. Conozco a los monjes que cuidan de este lugar, y nos acompañarán durante las semanas que estemos por aquí.

–¿Has dicho... semanas?

• • •

Contemplar con la máxima atención el movimiento de las ramas de un árbol y decir "¡pensamiento!" cada vez que detectaba un pensamiento cruzando mi mente.

Observar una simple mesa de madera durante horas, tratando de apreciar nuevos detalles.

Barrer el suelo, haciendo movimientos lo suficientemente lentos como para imitar a una estatua.

Los días que pasé en aquel templo budista en Japón fueron los más duros de mi vida. Daniel me desafiaba constantemente con todo tipo de ejercicios extraños que ponían a prueba mi concentración hasta el agotamiento. Curiosamente, los que parecían más absurdos y simples solían ser los más difíciles. Sin embargo, todos ellos tenían un propósito común: aprender a dominar la caótica actividad de mi mente.

Daniel me explicó que en Occidente asociábamos la meditación con místicos semidesnudos que permanecían con las piernas cruzadas y los ojos cerrados durante largas horas. Sin embargo, meditar era más bien una actitud de vida basada en la atención plena en el instante presente.

–De hecho –apuntó mi compañero–, muchos meditadores no tienen nada que ver con el misticismo. Son investigadores, artistas, escritores, empresarios... Han aprendido a sumergirse completamente en la acción hasta dejar de actuar desde su mente y poder hacerlo desde su yo transpersonal. Se trata de personas de todo tipo. Muchos de ellos han conseguido un alto grado de riqueza interior en sus vidas, aunque todos, sin excepción, tienen una cosa en común.

—Y ¿Qué es eso?

—Son brillantes en todo aquello a lo que se dedican.

• • •

Una mañana, mientras trataba de prestarle atención al escurridizo silencio que se sucedía entre mis pensamientos, surgió el recuerdo de la muerte de mi padre. De forma súbita, volví a sentir toda la rabia y la tristeza que en aquel momento de mi vida había reprimido. Era como un torrente que nacía en mi estómago y pugnaba por ascender hasta mi garganta.

Me di cuenta de que si hacía un gran esfuerzo de voluntad, podía volver a tragarme todo aquello, pero decidí dejarlo salir en forma de gritos y sollozos, tal como hacía cuando golpeaba el cojín.

La intensidad emocional de la experiencia me dejó exhausto, liberado... y también un tanto asustado.

—El proceso de dominar la mente implica acceder a ese lugar donde existen restos de antiguos conflictos emocionales —me explicó Daniel cuando le pregunté al respecto—. Simplemente observa cómo surge el dolor a través de ti y este desaparecerá. Luego, sigue manteniendo la atención en lo que ocurre en tu interior, como si fueras un espectador interesado en el movimiento de tus pensamientos.

Los días posteriores profundicé aún más en aquel ejercicio y, poco a poco, el silencio que existía entre pensamiento y pensamiento fue ampliándose y tomando mayor presencia. **Descubrí una paz indescriptible en aquel vacío.**

Entonces se me ocurrió la idea de que quizá nunca había sido consciente de mi verdadero potencial. No sabía de dónde surgía aquella extraña ocurrencia, pero iba acompañada de una sensación maravillosa.

Sentí que no había límites en lo que pudiera lograr. Solo debía continuar profundizando en aquel lugar, en mi interior. Aquel lugar donde todo estaba en silencio, donde parecía residir mi auténtico poder y donde todo, absolutamente todo era posible.

## CAPÍTULO 13

# OBJETIVOS

La azafata me sirvió el té casi con tanta delicadeza como había visto hacer a los monjes las últimas semanas.

Tomé poco a poco aquella rica infusión humeante mientras trataba de centrar toda mi atención en lo que estaba haciendo. El tacto de la porcelana, el peso de la taza al alzarla, el aroma de la infusión, su sabor y calidez...

Durante unos segundos conseguí mantenerme completamente centrado en las sensaciones que acompañaban al simple acto de beber té.

Luego, la cascada de pensamientos apareció de nuevo.

Tras semanas de entrenamiento en el templo, había

aprendido que podía seguir fortaleciendo cada día mi concentración si practicaba dos ejercicios básicos.

El primero de ellos podía practicarlo en cualquier momento o situación, ya que consistía en centrar toda mi atención en cualquier acción que estuviera realizando, por muy sencilla que fuera. Cuando lo conseguía, desaparecía por completo el incesante parloteo de mi mente y aumentaba notablemente mi destreza en dicha acción. El reto era mantenerse en ese estado de concentración dinámico todo el tiempo posible, hasta que la mente volvía a perderse entre pensamientos.

El segundo ejercicio requería estar sentado en algún lugar tranquilo y libre de distracciones. En este caso, la atención mental debía dirigirse hacia dentro y no hacia fuera, de tal forma que **uno se convertía en el observador de sus propios pensamientos**. Daniel llamaba a este ejercicio "meditación del testigo".

Ninguno de los dos ejercicios era fácil. ¡Nada fácil! Sin embargo, los monjes del templo aseguraban que bastaba con unos minutos de práctica diaria para conseguir cambiar, poco a poco, el arraigado hábito de la divagación mental y conseguir acceder así a nuestras capacidades más poderosas.

Y lo cierto es que se estaban produciendo cambios

en mi interior. Cada vez podía concentrarme mucho más en todo lo que hacía, y aquella serenidad que podía percibir entre pensamientos parecía abrirse a mi conciencia cada vez con mayor facilidad.

"Empiezas a instalarte en el momento presente –me había explicado Daniel–. Limítate a seguir practicando. Ya sabes que nadie es capaz de engañarte con más eficacia que tu propia mente. Concentrarte implica dominarla, someterla a tu voluntad. Pero ella tratará de impedirlo a toda costa. Te conoce muy bien y hará lo que sea para escapar de tu control. Incluso creará sensaciones conmovedoras o ideas sugestivas para romper tu concentración. Sin embargo, no permitas que eso te desvíe de tu propósito. Simplemente no dejes de intentarlo una y otra vez, practicando unos minutos todos los días".

• • •

Suspiré y miré a mi compañero. Estaba leyendo algo en su pequeño ordenador, sentado ante el escritorio del lujoso avión en el que viajábamos.

El hombretón dejó el dispositivo y se sentó frente a mí en su butaca.

—Bien, amigo, creo que podemos dar por finalizada la primera parte de tu preparación personal —dijo con actitud aprobadora—. Ahora dispones de los recursos necesarios para mantener tu mundo interior en el mayor estado energético posible. Si sigues las pautas que has ido aprendiendo, no solo continuarás disponiendo de dicha energía, sino que esta no dejará de aumentar.

—Pero también es posible caer enfermo... o pasar por experiencias que pongan a prueba mi estado emocional y mental —comenté mientras pensaba en voz alta.

—¡Por supuesto! No es buena idea pelearse con las dificultades que surgen en nuestro camino. Aunque nos cueste admitirlo, los problemas son el estímulo que necesitamos para nuestro propio crecimiento. Ante la llegada de una dificultad es probable que nuestra energía interior disminuya, ya sea de forma física, emocional o mental. Pero si persistes haciendo aquello que te regenera, atravesarás dicha etapa de la forma menos dolorosa posible y saldrás de ella con nuevos niveles de energía interior. Así es como crecemos, Nicolas.

Asentí con interés ante aquella explicación. Después de todo aquel tiempo viajando juntos, ya debería haberme acostumbrado, pero lo cierto es que no dejaba de sorprenderme el particular modo de entender las cosas de aquel hombre.

La vida era para él una especie de gran escuela donde todos aprendíamos entre nosotros y donde los problemas no eran algo que lamentar, sino valiosas lecciones que convenía aprovechar.

—Una vez que conoces las vías necesarias para incrementar tu riqueza interior —continuó Daniel—, debes aprender a materializar dicha energía de la forma más sencilla.

—Con eso te refieres a la riqueza exterior, ¿verdad?

—Así es. Pero recuerda que no se trata solo de abundancia económica —advirtió, alzando el dedo índice.

—Lo sé, lo sé. ¡Recuerdo el mapa de los sectores vitales! Dinero, pareja, amistad, salud, ocio, familia, desarrollo y profesión.

—¡Eso es! —exclamó Daniel—. Llegados a este punto, es importante comprender que no se trata de tener mucho en cada sector, sino lo suficiente para considerar que es perfecto. Por ejemplo, alguien puede sentir que su vida social es adecuada teniendo dos o tres buenos amigos. Sin embargo, para otros, eso puede ser insuficiente, y necesitan una vida social mucho más diversa.

—Entiendo lo que quieres decir. Supongo que por ese motivo insististe tanto en que reflexionara sobre mis valores personales. Me informan de las cosas que, para mí, son realmente importantes.

—Así es. Te aseguro que si sigues con persistencia mi método, te convertirás en el hombre más rico del mundo. Aunque eso no significa que no haya otros que tengan más de algo que tú. Significa que no habrá nadie que tenga el tipo de riqueza precisa y perfecta que tú necesitas para disponer de la plenitud que mereces.

—Ya veo —contesté, sonriendo—. Tengo que confesar que la primera vez que me dijiste que te considerabas el más rico del planeta me pareció una auténtica fanfarronada.

—Lo sé. Pero en aquel momento, tus emociones limitadoras te mantenían en una actitud cerrada y defensiva. Además, no eras consciente de ciertas cosas que ahora ya sabes.

El hecho de recordarme a mí mismo meses atrás resultaba desconcertante. Era como si ahora que el temporal parecía remitir, pudiera empezar a comprender la magnitud de la tormenta que había asolado mi vida. Y pensar en eso me producía vértigo, como si en aquellos momentos aún estuviera al borde de mi propio abismo.

Un oscuro lugar del cual acababa de salir.

—Tu estado es ahora muy diferente —dijo Daniel mientras me observaba de aquel modo que parecía indicar que adivinaba todos mis pensamientos—. En esta segunda fase de tu entrenamiento aprenderás los mecanismos para mejorar todo lo posible tus sectores vitales.

»Para ello, el primer paso siempre es asegurarte de que existe un buen estado interior. Nunca me cansaré de insistir en este punto. Hay quien consigue cosas materiales sin ocuparse mucho de su mundo interior, pero solo se trata de riquezas mermadas que tarde o temprano conducen a una inevitable sensación de vacío, y a una inevitable crisis.

Sonreí ligeramente en silencio. Yo ya conocía aquella historia.

—Entendido. Y ¿el siguiente paso?

—Lo siguiente es definir correctamente tus objetivos.

—¿Objetivos? —pregunté, sorprendido—. ¿Te refieres a cosas concretas que me gustaría lograr?

—Así es. Es sabido que menos del noventa por ciento de las personas se ha detenido, realmente, a formular sus objetivos de vida. No es sorprendente que muchos tengan la sensación de que viven a la deriva o de que no han sabido llegar hasta donde les hubiera gustado. Es imposible tomar las decisiones que te conducirán hasta tu meta... ¡si no hay meta conocida! –exclamó Daniel, alzando ambas manos.

»Sin embargo, los objetivos también deben formularse correctamente para poder materializarlos de la forma más eficiente posible. Para ello, deben cumplir siempre cinco condiciones.

Me afané en abrir mi pequeña libreta. Tenía que anotarlo todo.

–En primer lugar, como muy bien dices, deben ser cuestiones concretas. "Sentirme bien" o "arreglar mi vida" no son objetivos concretos; pero "adelgazar cinco kilos", "hacer cada mañana ejercicios de liberación emocional" o "ganar un cincuenta por ciento más el próximo año" sí son ejemplos de concreción. Debes definir, con la máxima precisión posible, qué debe ocurrir para poder demostrar luego si se ha cumplido tu objetivo.

»En segundo lugar, todo objetivo debe ser estimulante. Eso significa que el hecho de imaginarlo ya materializado en tu vida debe generar en ti una sensación de entusiasmo. El entusiasmo es una poderosa manifestación de nuestra energía emocional. Disponer de esa energía es fundamental, ya que te ayudará a vencer aquellas dificultades necesarias que surgirán en el proceso, ¿comprendes?

—Concretos y estimulantes —asentí mientras apuntaba las ideas fundamentales de todo aquello.

—La tercera condición de cada objetivo es el realismo. Es decir, debes sentir que se trata de cosas alcanzables, aunque te parezcan muy difíciles. No es tanto lo que diga tu parte lógica, sino lo que tú sientas al respecto. Por ejemplo, por mucho que desee volar, estoy convencido de que si salto ahora mismo de este avión, moriré inevitablemente. Por lo tanto, ese deseo no puede ser un objetivo válido para mí.

—Muy ilustrativo —comenté, divertido.

—La cuarta condición es la coherencia.

—¿Coherencia? ¿Con qué?

—Con tus valores personales, por supuesto —respondió, como si nada pudiera ser más obvio—. Muchos incumplen esta condición cuando buscan cosas que realmente no desean, y solo se dan cuenta cuando están a punto de alcanzarlas... o tras haberlas alcanzado. Creen que son dueños de sus propios sueños, pero, en realidad, estos pertenecen a la sociedad en la que viven, a sus progenitores o a cualquiera que haya influido lo suficiente en ellos.

»Todo ello sería una enorme pérdida de tiempo y energía si no fuera porque también es una enseñanza que nos ofrece la vida para que aprendamos a conocernos a nosotros mismos. Cuanta más riqueza interior somos capaces de atesorar, más auténticos somos y, por tanto, menos maleables a las influencias que provienen de nuestro entorno.

Aquello me hizo dejar el bolígrafo a un lado unos instantes. Yo mismo era un ejemplo de lo que acababa de decir Daniel. Poseer un buen estatus social y una relación estable era lo único que me había importado, y ahora comprendía que no era casualidad que fueran las dos cosas más importantes que me había inculcado mi familia.

"He dedicado gran parte de mi vida a perseguir cosas que no se ajustaban a lo que yo realmente quería".

–Qué ciego he estado –murmuré casi sin darme cuenta.

Daniel me observaba con expresión compasiva.

–Nuestras experiencias nos permiten conocernos mejor y comprender a todo aquel que esté pasando por lo que nosotros ya hemos superado. No es fácil, pero necesitamos experimentar la ceguera para poder comprenderla, y así abrirnos paso hacia una nueva luz.

Asentí lentamente. Mi camino estaba despejado, seguía sintiendo que todo era posible y sabía que una nueva vida esperaba ser construida.

•••

—Falta una condición, Daniel. Has dicho que son cinco —apunté, impaciente por saber más.

—Así es. El último requisito que debes tener en cuenta a la hora de formular tus objetivos es la no violencia. Es decir, aquello que te propongas no debe producir ningún tipo de daño ni a ti mismo ni a los demás.

»Desgraciadamente, esta condición también se vulnera demasiado a menudo, y el motivo vuelve a ser la falta de riqueza interior. Cuando una persona ha empezado a abrir su corazón, difícilmente sentirá entusiasmo por algo que, de forma consciente, pueda producir algún tipo de daño a corto o largo plazo. De hecho, a mayor desarrollo interior, más importantes son aquellos objetivos que apuntan al servicio hacia los demás.

En aquel instante, la intensidad de las luces de la lujosa cabina se atenuó ligeramente, indicándonos que nos encontrábamos cerca de nuestro destino. Miré con curiosidad a través de la ventanilla. Las nubes blancas dejaban entrever un océano interminable que se extendía en todas las direcciones.

—¿Por casualidad nos dirigimos a otra isla, Daniel? —pregunté, mitad en serio y mitad en broma.

—Así es —respondió, divertido—. Aunque esta es bastante más grande y popular. ¡Te daré una pista! —Se puso a ondear lentamente los brazos hacia ambos lados, imitando las olas del mar.

Ambos estallamos en carcajadas. Pero, de pronto, comprendí.

—¡Fantástico! —exclamé con sorpresa, aunque todavía entre risas—. ¿De verdad vamos a Hawái?

## CAPÍTULO 14

# LOS EXTRAORDINARIOS

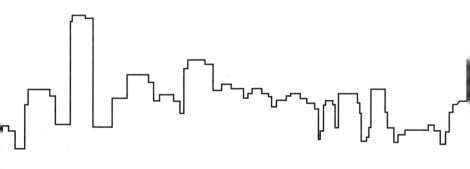

**U**na flamante limusina blanca nos esperaba en la salida del aeropuerto.

—Tu siguiente trabajo consiste en definir una serie de objetivos que cumplan las cinco condiciones mencionadas —dijo Daniel en cuanto estuvimos acomodados en el lujoso vehículo—. Te recomiendo que utilices el mapa de los sectores vitales como referencia, ya que en él podrás ver reflejado el grado y la diversidad de tu riqueza exterior.

—Creo que ya tengo algunas ideas. Sin embargo, me da la sensación de que voy a necesitar cierto tiempo para estar seguro.

—Tómate el tiempo que quieras. Ser consciente de tus objetivos vitales bien lo vale. Por otro lado, no dejes que el temor a equivocarte te paralice. Recuerda que tus objetivos pueden cambiar conforme evolucionas.

En aquel momento sonó el teléfono de Daniel.

—Sí. Estamos a punto de llegar —se limitó a decir, en tono afectuoso—. Hoy vas a conocer un proyecto del que me siento especialmente orgulloso, Nicolas —anunció con entusiasmo tras guardar el móvil en el bolsillo.

Lo miré con verdadero interés. Pero, como de costumbre, no dijo ni una palabra más sobre aquel asunto.

El auto tomó una pequeña carretera pavimentada que circulaba entre lagos, fuentes y campos de golf. Por un momento pensé que habíamos entrado en alguna zona residencial lujosa, pero al detenernos comprendí que habíamos estado recorriendo los extensos terrenos circundantes de un gran hotel.

—Y ¿ese proyecto... es un... inmenso hotel de lujo? —pregunté sorprendido, mientras observaba el imponente edificio frente al océano Pacífico.

Daniel me invitó con un gesto a que me dirigiera hacia la puerta de entrada. En su rostro se dibujaba una enigmática sonrisa.

—Será mejor que lo compruebes por ti mismo.

• • •

Cuando entramos en el gran vestíbulo del hotel, no pude más que mirar a mi alrededor con la boca abierta. Era un espacio inmenso y completamente abierto al mar, que ofrecía unas imponentes vistas a una playa de arena blanca. La luz del sol penetraba directamente en la sala y se dispersaba en mil tonalidades al reflejarse en unas gigantescas lámparas de cristal que tintineaban en el techo. El suelo de mármol por el que caminábamos tenía una curiosa tonalidad azulada y estaba exquisitamente grabado con diversos motivos marinos.

La brisa y los colores del océano llenaban el lugar en perfecta armonía con la acogedora decoración, y observé pasmado que, tras la zona de recepción, una cascada de fina arena blanca caía en silencio al tiempo que un proyector la iluminaba con diferentes tonalidades.

Era consciente de que Daniel observaba muy divertido mi reacción. A lo largo de mi vida me había alojado en algunos hoteles exclusivos, pero nunca había visto nada parecido a aquel lugar.

Una relajante melodía flotaba en el ambiente y reparé en que alguien tocaba sentado frente a un gran piano de cola. Junto al piano, un tipo con pantalón y camisa blanca parecía garabatear algo en la página de un libro, mientras un pequeño grupo lo rodeaba con evidente actitud de admiración.

Sin duda, debía tratarse de alguien famoso, aunque no supe identificarlo. Pensé que mi exmujer lo hubiera sabido en el acto. Yo nunca había tenido mucho interés en los personajes mediáticos.

Llegamos hasta una amplia zona de sofás, donde nos encontramos con un grupo de personas. Llamaban la atención porque la mayoría iban vestidas completamente de blanco y con ropa informal veraniega. Eran hombres y mujeres de aspecto y rasgos muy diferentes, aunque casi todos parecían haber alcanzado una edad avanzada. Algunos se levantaron en cuanto nos vieron entrar y se aproximaron para darnos la bienvenida.

Mi compañero me presentó, mientras iba nombrándolos por sus nombres de pila y yo estrechaba sus manos tratando de recordar cada nombre. Pronto comprendí que la mayoría procedía de países diferentes, pero tuve la extraña e incomprensible sensación de conocer a algunos de ellos.

Daniel se puso a conversar con manifiesta alegría, mientras yo me sentaba en un cómodo sofá y observaba con atención a aquel curioso grupo.

¿En qué consistiría aquel gran proyecto que había

mencionado Daniel? Parecía probable que tuviera algo que ver con aquellas personas. Pero ¿quiénes eran?

Volví a reparar en aquella heterogeneidad de rasgos, especialmente llamativa por el hecho de que todos vistieran de un modo similar. También resultaba obvio que existía una gran camaradería y complicidad entre ellos. Parecía un reencuentro entre viejos amigos, compañeros que han compartido muchas e importantes experiencias juntos.

Pero allí había algo más. Algo que estaba pasando por alto y que, de alguna manera, casi escapaba a mi percepción.

Lo podía entrever en la apacible actitud y el firme aplomo de sus gestos, en el modo afectuoso y distendido en el que conversaban, la evidente espontaneidad con la que compartían largos silencios sin muestra alguna de incomodidad. Era como si no existiera necesidad de ningún formalismo entre aquellas personas y, sin embargo, hubiera un profundo respeto y aprecio entre ellos.

Sí, allí había algo muy singular. Casi podía aventurar que una fuerza mucho más poderosa que la mera amistad unía a aquellas personas. Sin embargo, por más que lo intenté, fui incapaz de encontrar un término o unas palabras que se ajustaran a aquella impresión.

Un tipo alto, de piel olivácea y ojos rasgados, me miraba fijamente desde la silla en la que estaba sentado. Sin poder evitarlo, mis ojos quedaron atrapados unos instantes en su mirada. Aquel individuo tenía algo que recordaba la permanente serenidad que mostraban los monjes japoneses que había conocido días atrás. Aunque algo en su porte, en el simple acto de estar sentado en aquella silla, parecía sugerir que se trataba de alguien proveniente de la realeza.

No recordaba que nos hubieran presentado, y parecía evidente que también formaba parte de aquel extraño grupo, así que lo saludé brevemente con la cabeza y él correspondió con una ligera sonrisa, aunque sin dejar de traspasarme con aquellos extraños ojos.

Un tanto aturdido, me obligué a mirar hacia otro lado. Una pareja, también miembros del grupo, conversaba en voz baja cerca de donde yo me encontraba. El tipo, alto y corpulento, escuchaba a una mujer que parecía esforzarse en explicarle algo. Traté de aguzar el oído para escuchar la conversación, pero solo pude captar algunas palabras sueltas. "Estocolmo... presidencia... patrones... Nobel... fácil... Senado...".

El tipo, estalló entre risas ante las palabras de su interlocutora. Y en ese instante, lo reconocí.

—No puede ser —murmuré, casi sin poder creerlo.

—No te dejes impresionar demasiado —dijo inesperadamente alguien a mi espalda. Una mujer de cuerpo voluminoso y mirada chispeante estaba de pie tras de mí, con un vaso en cada mano. También vestía completamente de blanco.

—Lo cierto es que un trabajo no tiene por qué ser mediático para que sea útil... Aunque a algunos de nosotros no nos quede más remedio que exponernos a la mirada de las masas. ¿Un poco de jugo de sandía?

La mujer me ofreció uno de los vasos con una agradable sonrisa y un guiño de ojo. Me cayó bien de inmediato.

Acepté el vaso con sincero agradecimiento. La mujer se expresaba con un marcado acento ruso que, de alguna manera, realzaba su actitud afectuosa y desinhibida. Observando su rostro, volví a tener la sensación de que no era la primera vez que la veía.

—Nicolas Sanz —me presenté, estrechando su mano.

—Un placer. Puedes llamarme Irina —respondió, arrugando graciosamente la nariz—. Supongo que eres el protegido de Daniel... Tendrás que disculparlo. Estoy convencida de que el grandullón la pasa estupendo viajando arriba y abajo, sin decirte en qué rincón del planeta aparecerán.

La sorpresa que me produjo aquella afirmación hizo que detuviera en seco el vaso del que me disponía a beber.

—¡Oh! Imagino que puede asombrarte el hecho de que sepa eso —declaró la mujer mientras se encogía de hombros—. Pero estamos al tanto de las actividades de todos los miembros de este grupo. Y, créeme, Daniel está muy motivado con tus progresos.

No pude evitar cierta incomodidad ante la idea de que mis actividades fueran de dominio público. Sin embargo, la actitud afectuosa de aquella mujer me transmitía una fuerte sensación de poder confiar y compartir con ella cualquier cosa.

—Bueno, lo cierto es que yo también estoy empezando a disfrutar de ello —admití tras titubear un poco—. Es un excelente instructor y, la verdad, siempre consigue sorprenderme. Por ejemplo, reconozco que en esta ocasión no esperaba... algo así —dije, señalando la espectacular sala donde nos encontrábamos.

La mujer dio un sorbo a su bebida, asintiendo y ocultando parcialmente una agradable sonrisa que parecía indicar que estaba de acuerdo con lo que le decía. Reparé en que ella también poseía aquella mirada rapaz con la que a menudo me traspasaba Daniel. Empecé a preguntarme si todos los que estaban allí podían hacer aquello.

—Es un hotel bonito —reconoció, mirando con ligereza a su alrededor—. Yo me hubiera inclinado por otro espacio un poco menos... fastuoso, pero nuestro amigo siente predilección por este tipo de sitios y, bueno, él fue quien nos reunió a todos. Así que asumimos que él es el responsable de elegir el lugar de nuestras reuniones. —De repente hizo un gesto como si hubiera caído en la cuenta de algo importante—. Supongo que Daniel te habrá hablado sobre lo que hacemos aquí —dijo, entrecerrando los ojos.

—En absoluto. Solo me ha sugerido que en este lugar se encuentra un proyecto del que se siente especialmente orgulloso y luego me ha invitado a que averiguara más cosas por mí mismo.

La mujer dejó ir una peculiar risita bastante contagiosa, mientras se sentaba junto a mí en uno de los sofás.

—En realidad, ese "proyecto" no es más que este grupo de personas que tienes ante ti. Todavía faltan unos pocos por llegar, pero el gran logro de Daniel ha consistido en unirnos a todos.

—Pero ¿quiénes son? —pregunté, bajando la voz, casi sin advertirlo.

—Nos referimos a nosotros mismos como "el club" o "el grupo", aunque me consta que tu instructor utiliza un término algo más... grandilocuente —explicó la mujer, mientras miraba con una cariñosa sonrisa hacia el lugar donde estaba conversando Daniel.

»En nuestras reuniones, lo menos importante es la identidad de cada miembro. Tratamos de ser muy cuidadosos con cualquier cuestión que pueda surgir de la vanidad o la excesiva soberbia, y por eso evitamos mencionar nuestros apellidos, títulos o logros personales. Así que cuando nos reunimos, utilizamos nuestros nombres de pila, vestimos de manera similar y lo hacemos casi todo juntos. Aquí todos somos iguales, piezas que componen un todo mucho más importante que cualquiera de sus partes. Es una norma que tratamos de respetar cuidadosamente —enfatizó mientras asentía lentamente con la cabeza—. La mayoría ya llevamos una larga vida a nuestras espaldas, en muchos casos llena de intensas experiencias, y resulta fundamental para nuestro propósito común que nuestros egos no tomen las riendas.

Escuchaba sin saber muy bien qué pensar. Todo aquello resultaba de lo más extraño y empecé a considerar la idea de que Daniel hubiera creado una especie de secta formada por personalidades de especial influencia social.

–Y... ¿cuál es ese propósito? –pregunté, evitando dejar entrever mi suspicacia.

–Somos un... laboratorio de ideas. Un *think tank*, como suelen decir algunos. Nos ocupamos de localizar aquellas cuestiones más problemáticas que afectan al mundo o a alguna de sus naciones, generalmente a nivel social, político y económico. Luego creamos objetivos consistentes. ¿Te ha hablado ya Daniel sobre este asunto?

–Sí. Las cinco condiciones que debe poseer todo objetivo –dije, sin evitar sentirme como un niño alegre por saberse la lección.

–¡Eso es! Nosotros creamos objetivos del mismo modo y luego trazamos planes de acción viables para que puedan llevarse a cabo –dijo con un ligero encogimiento de hombros que restaba cualquier mérito a lo que acababa de decir–. Tengo que reconocer que, años atrás, yo misma pensaba que una cosa así no serviría de nada en un mundo como el nuestro. Sin embargo, las consideraciones y las propuestas que surgen de nuestro pequeño grupo cada vez las tienen más en cuenta.

—¿Quiénes?

—Aquellos que se aferran al codiciado timón del poder, por supuesto —contestó la mujer con naturalidad, aunque una sombra de cansancio, o quizá tristeza, apareció bajo sus ojos—. Básicamente, líderes políticos y máximos responsables de grandes corporaciones, que han influido e influyen de forma determinante sobre los acontecimientos mundiales.

—Ya veo —murmuré, cada vez más sorprendido—. Y ¿dices que ha sido Daniel quien ha formado este... grupo?

—Así es. Una de las maravillosas cualidades que posee nuestro amigo en común es su habilidad para captar las capacidades ocultas que hay en los demás. Es algo en lo que yo misma me consideraba especialmente intuitiva —añadió con una sonrisa—, pero tu instructor tiene un don natural para ello y lo ha utilizado sabiamente para formar este grupo.

—Disculpa —dije, agitando la cabeza—, creo que no acabo de comprender. Me consta que Daniel tiene especial facilidad para entender a las personas, pero ¿qué tiene que ver eso con este grupo?

Irina miró unos instantes en silencio a todas las personas que conversaban discretamente entre sí. Reparé en que el individuo que firmaba libros junto a la entrada también se había sumado al grupo de blanco.

—Las personas que tienes ante ti tenemos culturas, personalidades y vidas muy distintas. Sin embargo, todos estamos preparados para unirnos y crear grandes cosas. —Irina parecía especialmente cuidadosa al seleccionar las palabras—. Para ello es necesario un cierto grado de conocimiento y autodominio. Lo que hacemos no es muy común... y tampoco es fácil de explicar. En cualquier caso, este grupo existe gracias a la capacidad de nuestro amigo para ver en el interior de las personas y, por ello, todos estamos enormemente agradecidos.

En ese momento apareció Daniel detrás de nosotros y nos rodeó entre sus largos brazos.

—Pero ¡mira que curiosa pareja tenemos aquí! —exclamó—. Nicolas, acabas de dar con la mente más avispada de este lugar. ¡Ten mucho cuidado con ella!

• • •

Daniel e Irina estuvieron bromeando y riendo unos minutos hasta que la simpática mujer nos dejó para que nos registráramos en el hotel.

—Empiezo a hacerme una idea del proyecto que tienes entre manos con este grupo —dije pensativo mientras esperábamos en la puerta del elevador–. Tu amiga me ha explicado todo eso del "laboratorio de ideas" y, aunque todavía tengo muchas preguntas al respecto, me gustaría que me ayudaras con una en particular. Por algún motivo, me suena el rostro de Irina, y diría que también el de alguno de tus amigos. De hecho, ¡me ha parecido reconocer un jefe de Estado entre los miembros del grupo! ¿Acaso me estoy volviendo loco, Daniel?

—En absoluto —contestó, sonriendo, el hombretón–. Lo cierto es que algunas de las personas que acabas de ver han sido o son figuras públicas destacadas y han aparecido en los medios de comunicación con frecuencia. Hay empresarios, científicos, políticos, filósofos, periodistas, escritores... Otros han recibido reconocimiento internacional por algunos de sus logros profesionales, y la mayoría ha destacado de un modo u otro en sus respectivas áreas.

—Entiendo. Pero comprenderás que sienta especial

curiosidad por todo este asunto. ¿Podrías explicarme algún detalle más concreto? Solo he podido hablar con Irina. Ella también es... ¿famosa?

Daniel me miró en silencio con una expresión de diversión en el rostro. En momentos como aquel tenía la sensación de que se divertía a costa de mi ignorancia.

—Irina es una destacada personalidad en su país, tanto en el ámbito de la ciencia como en el de la política, y fue la segunda mujer en la historia que viajó al espacio exterior. Siento no poder ofrecerte más detalles, aunque espero que esta información te parezca algo más... concreta.

—Asombroso —murmuré, realmente impresionado, mientras recordaba el rostro bondadoso de aquella mujer con marcado acento ruso.

—Sin embargo —continuó Daniel mientras avanzábamos por un largo pasillo enmoquetado hacia nuestras habitaciones—, la condición para pertenecer a este grupo no tiene nada que ver con los éxitos profesionales, sino con los logros personales alcanzados. Tampoco se trata del poder adquisitivo ni de la influencia social que puedan tener, sino del grado de riqueza interior alcanzado y de la capacidad para sintonizar con el propósito del grupo. Eso es lo que los hace verdaderamente extraordinarios, y esa es la gran diferencia entre nuestro laboratorio de ideas y cualquier otro.

»Actualmente existen más de mil laboratorios de ideas en el mundo. Sin embargo, todos los *think tanks* en los que he participado en mi vida carecían de dicha capacidad de sintonía, ya que la mayoría de sus miembros acudía a las reuniones con un propósito marcadamente egoísta. En lugar de "qué puedo aportar yo al grupo", la actitud más frecuente era "qué me puede aportar a mí este grupo". Ese egoísmo destruye toda posibilidad de sintonizar de un modo voluntario con la gran mente que forma toda agrupación de personas. Sintonía, Nicolas, ¡sintonía! –exclamó Daniel con especial vehemencia–. Ese es el elemento imprescindible para aprovechar el enorme potencial que poseen los seres humanos cuando se unen entre sí.

–Irina me insinuó algo parecido cuando me habló sobre el propósito de sus reuniones –dije–. Sin embargo, tengo que reconocer que eso de "fusionar mentes" suena un tanto extraño.

–La ciencia aún no ha explorado mucho todo lo relacionado con nuestras capacidades mentales –explicó–. La mayor parte de las cuestiones que se alejan de la dimensión material son, en realidad, mentales, y ello debería darnos a entender lo incipiente que es aún nuestro conocimiento. ¡Todavía buscamos nuestra mente en ese órgano físico llamado cerebro!

»Sin embargo, la idea de fusionar varias mentes hacia un propósito común es tan antigua como la propia mente del hombre. Infinidad de personas lo han hecho a lo largo de la historia, aunque generalmente de forma inconsciente. Actualmente, la mayoría de los *think tanks* están demasiado influidos por intereses políticos o económicos y, como he dicho, ello abre la puerta al egoísmo y destruye toda posibilidad de crear la sintonía necesaria.

»Por ese motivo preferimos dejar fuera de nuestras reuniones cualquier referencia a nuestra vida personal, incluida la ropa, los títulos o nuestros verdaderos nombres, a pesar de que todos sabemos quiénes somos en realidad —admitió, encogiendo los hombros con una ligera sonrisa—. Pero esa costumbre nos ayuda a actuar desde nuestro aspecto transpersonal y no desde nuestro ego, ¿me explico?

—Irina también ha mencionado que has sido tú quien los ha reunido.

—Así es. Por eso te he mencionado que se trata de

un proyecto muy especial. Me ha llevado casi veinte años hacer que estas personas se conozcan entre sí, pero de nuestras reuniones están surgiendo valiosos recursos para el beneficio de todos.

—¿Por ejemplo? —pregunté con sincera curiosidad.

—Hemos presentado diversas soluciones para solventar problemas derivados del modelo económico actual; periódicamente realizamos propuestas sobre cambios legislativos en diversas naciones u organismos internacionales; tratamos de promocionar la investigación científica en aquellas materias que puedan derivar en un gran beneficio global... y cada vez más líderes políticos escuchan nuestra opinión sobre diversas cuestiones actuales. Además, esperamos que nuestra actividad pueda sentar un precedente para que se formen otros grupos de características similares en otros lugares. Algunos miembros del grupo están trabajando con especial ahínco en esta última cuestión.

Miré a Daniel sin saber qué decir, mientras mi mente trataba de asumir las colosales dimensiones de todo aquello.

—Sin embargo —continuó—, si necesitas un ejemplo más específico, te diré que uno de los mayores desafíos a los que nos enfrentamos en la actualidad tiene que ver con los recursos energéticos sostenibles. Tenemos en marcha varios planes de acción sobre este tema y hemos presentado a los organismos competentes un detallado plan de adaptación basado en fuentes de energía limpias para las próximas décadas. En todo este asunto de la energía hay muchos intereses egoístas, pero ha llegado el momento de afrontar importantes cambios.

De repente, tuve una idea que hizo que gran parte de las experiencias que había vivido con aquel hombre cobraran una nueva perspectiva.

—Nuestra visita a aquella universidad de Tokio... guarda alguna relación con eso, ¿verdad? —pregunté.

Daniel asintió con un guiño de complicidad.

—Así es. Y también mis inversiones en la empresa geoprospectora que trabajaba en Kenia, y la propuesta de potenciar la medicina tradicional a través del hospital universitario en la India, y muchos otros proyectos que no he tenido todavía oportunidad de mostrarte, mi querido amigo. Desde hace años, mi *holding* de empresas centra gran parte de sus inversiones en los planes de acción creados por el Club de los Extraordinarios.

—¿El Club de los Extraordinarios?

—Bueno, es como a mí me gusta llamar a este grupo

tan especial de personas. Aunque a ellos no les gusta demasiado el término.

—Sí, Irina también ha mencionado algo al respecto —dije con actitud un tanto ausente, mientras trataba de asimilar lo que acababa de escuchar.

Todo parecía cobrar un nuevo sentido. Los interesantes proyectos e iniciativas dedicados al bien común que había conocido en diferentes países del mundo no surgían de la iniciativa individual de Daniel, sino de aquel grupo de personas que decían tomar sus decisiones siguiendo un misterioso método... que todavía no era capaz de comprender.

—Sé que todo esto todavía puede parecerte un tanto extraño, pero te aseguro que a su debido tiempo podrás comprenderlo del mismo modo que ahora entiendes el verdadero significado de la riqueza interior.

»Como cualquier individuo, la humanidad no deja de crecer, Nicolas —añadió, deteniéndose frente a la puerta de su habitación—. Y cuando seamos un poco más sabios de lo que ahora somos, nos parecerá inadmisible que una sola persona se apropie de forma egoísta de un poder que puede condicionar el destino de millones de personas. Esa responsabilidad se le otorgará a quienes estén verdaderamente preparados para liderar al servicio del ser humano. Y te aseguro que esas personas actuarán formando grupos que funcionen en perfecta armonía, **donde no existirá el interés individual, sino una poderosa voluntad de servicio a la humanidad**. No habrá individuos que sirvan al poder, sino grupos con el poder de servir.

## CAPÍTULO 15

# UN PLAN

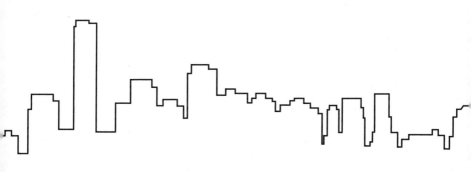

**E**ntré en mi enorme y lujosa *suite*, recorriéndola distraído y sin apenas reparar en las espectaculares vistas del Pacífico que ofrecía la terraza. En mi mente todavía resonaban las últimas palabras de Daniel, cuyas implicaciones empezaba a comprender.

Siempre había estado convencido de que el mundo estaba dominado únicamente por individuos egoístas, incluso crueles, cuyo único interés era acumular dinero y poder. Sin embargo, Daniel era la prueba de que existían otro tipo de personas. Individuos con gran poder e influencia que contrarrestaban las consecuencias de la codicia y trataban de mejorar las cosas en beneficio de todos.

Sin duda, aquella era una idea esperanzadora.

Y lo era aún más el hecho de que existieran otras personas con la sabiduría de mi amigo millonario y que estuvieran trabajando tras el telón de la opinión pública, agrupando sus fuerzas en la misma dirección.

Alguien llamó con fuerza a la puerta y, al abrirla, Daniel entró en la habitación como una exhalación.

—¿No es fantástico este hotel? —exclamó mientras salía a la terraza privada y abría los brazos como si quisiera abrazar el océano que se extendía ante nosotros.

Reparé en que se había cambiado de ropa y vestía pantalones y camisa blancos.

—Es impresionante —admití mientras observaba con satisfacción la confortable *suite*—. Me alegra comprobar que tenemos gustos parecidos.

—Estaremos aquí tres o cuatro días —dijo después de lanzar una de sus ruidosas carcajadas—. En ese tiempo puedes asistir a nuestras reuniones o trabajar en tu propio proceso. Recuerda que tienes pendiente la definición de tus objetivos personales.

—La verdad es que tengo cierta curiosidad por ver en funcionamiento su laboratorio de ideas —reconocí, pensativo—. Pero creo que prefiero centrarme en lo mío, Daniel. Quiero clarificar mi lista de objetivos cuanto antes para así poder empezar a trabajar en ellos.

—¡Excelente! —exclamó mientras me palmeaba la espalda con contundencia—. Pero no dejes de disfrutar del lugar mientras tanto, ¿de acuerdo?

•••

Los tres días siguientes los invertí en pasear por la playa y los jardines del hotel, mientras iba definiendo uno a uno los objetivos que quería conseguir. Para ello, me aseguraba de que todos cumplieran las cinco condiciones y luego los apuntaba en mi libreta.

Con algunos surgió la inseguridad, el miedo de no ser capaz de lograrlos. Entonces me esforzaba en ir un poco más allá del mero análisis mental y trataba de sentir si a pesar de la aparente dificultad, aquel objetivo en cuestión estaba realmente a mi alcance.

La respuesta fue afirmativa en todos los casos.

**Otra complicación tenía que ver con un cierto temor hacia el compromiso**. Una parte de mí se preguntaba qué pasaría si en algún momento cambiaba de opinión y dejaba de querer alcanzar aquello que me estaba proponiendo. Pero Daniel ya me había advertido que definir un objetivo no era firmar un contrato rígido e inmutable con nadie.

"Lo más probable es que tengas que realizar algunos cambios —me había dicho—, adaptar cada objetivo a las circunstancias que estés viviendo para poder materializarlos. Ten siempre en cuenta que el objetivo real no es el objetivo, sino la persona en la que debes convertirte para conseguirlo".

●●●

Salí de mi *suite* con la intención de finalizar mis rutinas en la playa. Al llegar a la arena me encontré con todo el grupo de Daniel. Estaban sentados con los ojos cerrados y el silencio era absoluto, solo se escuchaba el murmullo del mar golpeando con suavidad la orilla.

Me senté junto a ellos con todo el sigilo posible y cerré yo también los ojos para centrar mi atención en el relajante murmullo del oleaje. Recordé el consejo de los monjes del templo acerca de no batallar contra los ruidos y las sensaciones procedentes del exterior. Lo mejor era concederles atención y, de ese modo, la mente, por sí misma, dejaría de mirar hacia el mundo de los sentidos y volvería de forma espontánea a su actividad interior.

Pronto dejé de percibir los agradables sonidos de la

playa y me concentré en el movimiento de mis propios pensamientos. Se trataba siempre de recuerdos o fantasías que mi mente creaba de forma aleatoria. A veces eran imágenes, y a veces monólogos de mi voz interior. Solo tenía que observarlos con suavidad, tratando de no dejarme arrastrar por ellos, hasta que desaparecían por completo.

Empecé a percibir cada vez con mayor claridad la agradable quietud que anidaba entre cada pensamiento. Y con ella, surgió de nuevo aquella sensación maravillosa de infinita posibilidad.

Era la primera vez que alcanzaba aquel estado con tanta facilidad. Contemplé vagamente un pensamiento que me advertía de no dejarme arrastrar por la excitación que me producía aquel logro.

Pronto todo estaba en silencio en mi interior y toda la fuerza de mi voluntad se centraba en observar aquella quietud.

Y entonces, de repente, sentí que ahí, en aquel remanso interior de paz, había algo más.

Pero no era "algo", sino "alguien".

Una poderosa sensación de presencia se hizo evidente ante mi conciencia con sobrecogedora claridad. ¿Qué era aquello? ¿Quién era?

La impresión de aquella inesperada percepción hizo que mi mente se enfocara de inmediato en el mundo exterior, tratando de buscar el origen de aquella sensación también a través de mis sentidos. De nuevo, el sonido del mar, la humedad de la arena, la suave brisa en el rostro... Pero también la intensa, íntima y casi palpable sensación de estar en compañía del resto del grupo.

Me di cuenta de que en aquellos instantes podía sentir a las personas que me acompañaban con increíble claridad. Sabía dónde estaban, cuántas eran... incluso cómo respiraba cada una de ellas.

Y aquella presencia también estaba allí. Era cada vez más amplia, más evidente. Comprendí que no procedía de ningún miembro del grupo en particular, sino de la suma de todos ellos.

Era algo maravilloso.

Toda aquella sabiduría, todo aquel poder... Supe que podía fundirme en aquel mar de energía, ser uno con todo ello y, paradójicamente, no perder mi individualidad.

Me pregunté cómo no me había dado cuenta antes, cómo no había podido percibir antes algo así.

De inmediato me vinieron a la mente numerosas

respuestas, y aquella avalancha de información hizo añicos mi silencio interior. Traté de luchar, de recuperar aquel maravilloso estado de quietud.

Pero sabía que estaba forzándolo. Aquella no era la manera adecuada. Recurría a la memoria de lo que había sentido, en lugar de afianzarme en la atención del instante presente.

De pronto, ahí fuera, en la playa, alguien se movió cerca de donde yo me encontraba. Parecía que la meditación había finalizado y las personas que me rodeaban empezaron a incorporarse.

Yo permanecí con los ojos cerrados, tratando de ignorar al grupo que parecía moverse en silencio, como una única persona.

—Es como el agua, Nicolas —susurró alguien muy cerca de mí—. No se puede aferrar. Tan solo puedes observar detenidamente su belleza, hasta sumergirte en ella.

Abrí los ojos y miré a mi alrededor un tanto desorientado. Había varias personas cerca, pero ninguna me prestaba especial atención. Todos se mantenían en silencio, la mayoría retirándose hacia el hotel y algunos desentumeciendo el cuerpo o haciendo algunos estiramientos.

Daniel se aproximó, saludándome con la mano.

—Buenos días, pequeño saltamontes —bromeó.

—Buenos días —respondí, sonriendo—. ¿Me has dicho algo por casualidad?

—No. ¿Por qué?

—Es que alguien... —titubeé—. Bueno, déjalo, no tiene importancia.

Daniel me miró detenidamente.

—En realidad es posible que sí la tenga, Nicolas. Aquí hay gente muy sabia e intuitiva. Si alguien te ha dicho algo, te recomiendo que lo tengas en cuenta. Sea lo que sea.

Asentí pensativo.

"Es como el agua. No se puede aferrar. Tan solo puedes observar detenidamente su belleza".

• • •

Aquella misma mañana abandonamos el hotel, tras compartir unas últimas palabras con algunos miembros del grupo. Me sorprendió que no estuvieran todos allí, y también la brevedad y la sencillez de la despedida.

—Parece que al Club de los Extraordinarios no le gusta demasiado decir adiós —expresé mientras nos dirigíamos de nuevo al aeropuerto.

–No es eso –dijo Daniel con aire reflexivo–. Es algo... un tanto difícil de explicar. Tiene que ver con un sentimiento.

–¿Qué quieres decir?

–Los integrantes de este grupo tenemos la sensación de que, de alguna manera, la distancia no es un factor que nos separe. Es como si mantuviéramos el contacto entre nosotros, aunque nos encontremos en lugares diferentes del planeta, y ese sentimiento de unión es especialmente fuerte los días posteriores a cada una de nuestras reuniones. En cualquier caso, todo ello hace de la despedida un protocolo social que a la mayoría le parece un tanto innecesario.

Miré unos instantes a mi compañero antes de responder.

–Dios santo, Daniel, lo que me explicas es interesante, ¡aunque un tanto extraño! Tienes que reconocer que has creado un grupo de gente de lo más... peculiar.

La atronadora carcajada de mi amigo no se hizo esperar.

–Bueno. Siempre he pensado que los "raros" son los que siempre se han encargado de cambiar el mundo –dijo con un guiño–. Y hablando de cambiar mundos, ¿cómo te ha ido con tus objetivos?

—Creo que ya los tengo. —Suspiré—. ¡Espero que no sean muchos!

—No lo son, siempre y cuando todos ellos cumplan los requisitos que ya conoces.

Con cierta timidez procedí a leer la lista que había elaborado cuidadosamente aquellos días.

Mi primer objetivo era graduarme como médico especializado en Pediatría. Tal como me había recomendado Daniel, había utilizado como referencia los sectores que formaban la verdadera riqueza exterior y había aplicado las cinco condiciones necesarias que debía poseer cada objetivo. Presentía que el logro de convertirme en médico pediatra enriquecería en gran medida muchos de mis sectores vitales.

También sabía, gracias al análisis de mis valores personales, que para mí era muy importante el sentimiento de autovalía, así que perfilé aún más aquella meta, especificando que trabajaría en un hospital de reconocido prestigio internacional.

Miré brevemente de reojo a mi compañero instructor. Daniel me escuchaba con atención y en silencio, pero asintió levemente con la cabeza, animándome a continuar.

Tomé aire y leí el resto de los objetivos sin detenerme.

Enseguida me di cuenta de que el hecho de verbalizar cada uno de ellos en voz alta estimulaba en mí una poderosa corriente de entusiasmo.

Al mencionar que me había propuesto recuperar a mi mujer en cuanto llegara a casa, creí observar un fugaz brillo en la mirada de Daniel. Sin embargo, no hizo ningún comentario al respecto y se mostró muy satisfecho cuando terminé de leer mi lista.

—Felicidades, Nicolas. Tus objetivos son dignos de tu potencial y, sin duda, te aportarán toda la riqueza exterior que mereces.

»Una vez definidas tus metas, lo siguiente que debes tener en cuenta en su proceso de materialización es mantener la actitud adecuada. Se trata de la última pieza que te permitirá transformar tu energía interior en bienes exteriores, y le dedicaremos el tiempo que resta de tu instrucción.

Hizo aquí una larga pausa y cerró brevemente los ojos mientras buscaba las palabras adecuadas.

Se avecinaba algo importante.

—La mayoría de la gente habla de "perseguir sus sueños", pero se trata de una expresión inapropiada. En primer lugar, porque la palabra "sueño" hace referencia a algo que está lejos del plano material y eso nos hace sentir, de un modo un tanto inconsciente, que estamos lejos de conseguirlo. En segundo lugar, el proceso real de materializar objetivos no tiene que ver con "perseguir" nada.

—¿Ah, no? —pregunté, muy sorprendido—. Pensaba que se trataba de realizar las acciones necesarias hasta poder conseguir lo que uno desea.

—Y así es. Pero no lo lograrás persiguiéndolo, es decir, corriendo detrás de algo que escapa eternamente de ti. Nunca menosprecies el efecto del verdadero significado de las palabras, Nicolas. Es mucho más eficaz pensar que todo objetivo trata de llegar "hasta ti". Tu trabajo no está en ir a ningún lado, sino en transformarte en alguien que está preparado para que lo que desea pueda ser algo físicamente real en su vida.

—Creía que ya habíamos finalizado la parte de trabajo interior...

—Todo surge de nosotros. ¡Absolutamente todo! —dijo Daniel, extendiendo sus largos brazos—. El hecho de que dispongas de suficiente riqueza interior implica que eres poseedor de la energía adecuada y de una mente con cierta capacidad de enfoque. Todo aquel que ha conseguido algún objetivo ha seguido, de forma deliberada o inconsciente, el mismo procedimiento.

»Ahora bien, es cierto que también necesitarás trazar un plan de acción para conseguir cada uno de tus objetivos. Un plan es un encadenamiento de acciones que te conducirá al logro de lo propuesto. La mayoría de los planes, sobre todo si son ambiciosos, siempre constan de una parte que parece no depender de nosotros, sino aquello que llamamos "azar".

—Ya veo. Ahora es cuando vas a decirme que la suerte no existe.

—¡Claro que existe! El problema es que no sabemos entender su funcionamiento. Lo que llamamos "suerte" es solo la consecuencia final de todas nuestras acciones del pasado. Tenemos la errónea impresión de que no podemos manejar nuestra propia suerte, y llegamos a dicha creencia porque nos resulta imposible recordar todas nuestras acciones. Y ¡es comprensible que así sea! Sobre todo considerando que una acción no solo es algo físico, sino también emocional o mental. **No solo lo que haces determina tu suerte, sino también lo que sientes y piensas.**

—Espera un momento... –titubeé, tratando de asimilar todo aquello–. Puedo involucrarme en dar aquellos pasos que dependan de mis actos. Pero ¿estás sugiriendo que puedo influir en los que no dependan de mí?

—Lo que quiero decir es que algunos de los pasos que forman tus planes dependerán de forma directa de tus acciones, pero habrá otros, aquellos que parezcan depender del azar, del destino o de Dios, que en realidad se verán influidos en gran medida por tu actitud.

—Por mi... ¿actitud? —repetí un tanto aturdido.

—Así es. Puedes entender la actitud como aquellas acciones emocionales o mentales que favorecen o dificultan la materialización de nuestros objetivos. Por ejemplo, existe una actitud que propicia, en gran medida, la aparición de las oportunidades necesarias para conseguir lo que queremos.

El hombretón hizo una pausa aquí para dirigirme una de sus miradas más inquietantes.

—¿Sabes lo que eso significa, Nicolas?

Negué en silencio con la cabeza, sin poder evitar sentirme hechizado por el aura mágica que empezaba a emanar de aquel tema.

—Significa que todo aquel que conoce las reglas de la actitud correcta es capaz de materializar prácticamente cualquier cosa que se proponga.

# CAPÍTULO 16

# ACTITUD
# Y SEÑALES

—Lo primero que debes tener en cuenta para lograr la actitud correcta es que debes evitar desear tu objetivo con excesiva fuerza, y mucho menos necesitarlo.

Estábamos de nuevo en la lujosa aeronave, y Daniel había afirmado aquello como si se tratara de la más evidente de las obviedades. Afortunadamente, me concedió unos instantes para meditarlo.

—No tiene sentido —me rendí, finalmente—. Una de las condiciones que debe poseer cada objetivo es que...

—Sientas un gran entusiasmo por alcanzarlo —interrumpió mi compañero—. Es cierto. Pero existe una diferencia importante entre el entusiasmo y la necesidad. Tú eres mucho más importante que cualquier cosa que puedas desear. Sin embargo, al sentir necesidad hacia algo, te identificas con ello, y eso limita en gran medida tu capacidad para conseguirlo. Se trata de moverse hacia el objetivo impulsado por la motivación, pero manteniendo en todo momento una actitud de desapego hacia el resultado.

Miré en silencio a Daniel, tratando de profundizar en el significado de aquellas palabras. Algo me decía que se trataba de un concepto de importancia esencial, pero me sentía confuso ante su paradójico significado.

–Verás –continuó–, cada vez que queremos algo con excesiva intensidad estamos centrando casi toda nuestra energía en el deseo y muy poca en la materialización de aquello que deseamos. Estoy seguro de que alguna vez en tu vida has querido algo, pero las circunstancias parecían no dejar de complicarse constantemente, alejándolo de ti una y otra vez.

»Pero entonces el tiempo pasa y empiezas a olvidarte un poco del asunto. No es que hayas dejado de anhelarlo, pero ese tiempo transcurrido ha hecho que el deseo deje de ser tan intenso. Sigues queriéndolo, pero has dejado de necesitarlo para sentirte bien.

»De esa manera, un día, de forma inesperada, ¡lo que tanto deseabas aparece en tus manos! –exclamó, mirando con sorpresa sus manazas, como si, acabara de aparecer algo en ellas–. Con ello la vida trata de ayudarnos a comprender que, aunque podemos llegar a tener prácticamente cualquier cosa, **en realidad necesitamos muy poco, y solo nosotros mismos somos nuestra única y auténtica posesión**.

Era asombroso. En todas las situaciones que podía recordar en mi pasado en las que había deseado algo especialmente, había ocurrido aquello. La bicicleta con la que soñé en mi infancia, la primera cita que conseguí con Sara, los ascensos en el trabajo, el lujoso piso que compramos...

No recordaba haber conseguido ninguna de todas aquellas cosas en el momento en que más las deseaba. Siempre había surgido alguna complicación, alguna circunstancia que requirió el paso de cierto tiempo, hasta que finalmente aparecieron ante mí.

–Desapegarme del resultado, evitando desear con excesiva intensidad –dije, apuntando cuidadosamente aquella interesante revelación–. ¡Te aseguro que tomo especial nota de ello! ¿Qué más tengo que saber en referencia a la actitud?

–La segunda cuestión tiene que ver con la creencia. Existe un antiguo axioma que dice que "creer es crear", una afirmación tan cierta como importante que nos invita a revisar cuidadosamente cada una de nuestras creencias. Se puede decir que se trata de una ley universal que funciona con una precisión implacable.

»Te pondré un ejemplo. Imagina que alguien cree con todas sus fuerzas que algo es posible y que lo está atrayendo, que se está acercando cada vez más y que, por tanto, va por el buen camino. Muchas personas mantienen en su mente este tipo de creencias. Bien, pues la ley de atracción toma dicho pensamiento reiterativo y lo reproduce en el plano físico con exactitud. Es decir, esa persona permanecerá eternamente cerca, quizá cada vez más cerca, puede que siga el camino correcto, pero ¡nunca obtendrá aquello que quiere! –exclamó Daniel, dando una fuerte palmada y haciendo que se me cayera el bolígrafo del sobresalto.

»Por tanto –continuó con vehemencia–, el único modo de hacer que un objetivo se materialice en tu vida es creer, con toda la fuerza de tu voluntad, que ya lo has conseguido, que ya forma parte de tu vida.

–Ya veo –murmuré con ciertas dudas–. Pero ¿eso no es engañarse a uno mismo, Daniel? Quiero decir, ¡ahora mismo no tengo nada de lo que he puesto en mi lista de objetivos!

—Y ello demuestra mi afirmación: como no lo crees, no lo tienes.

Por alguna razón, aquello me dejó perplejo. Jamás me lo hubiera planteado así.

—Mira, Nicolas —continuó el hombretón—, precisamente la clave está en no autoengañarse, y en comprender que cualquier cosa que puedes imaginar ya existe en su dimensión mental. Le damos tanta importancia a las cosas que ocurren en el mundo material que hemos llegado a convencernos de que lo que ocurre en la esfera emocional o mental no forma parte de la realidad. Y eso, amigo mío, es un terrible error para todo aquel que quiera ver cómo se materializan sus sueños.

»Por eso te recomiendo que cambies esa creencia ahora mismo. ¡Adelante, puedes hacerlo! —exclamó de nuevo—. Las creencias son paquetes de información mental que funcionan por sí mismas y que influyen poderosamente en nuestra manera de entender el mundo. Son el equivalente mental de nuestras emociones limitadoras o capacitadoras. Pero ¿sabes una cosa? ¡Es posible cambiarlas! Si realmente te lo propones, si enfocas tu mente con la suficiente persistencia, puedes transformar una creencia limitadora en una capacitadora. Tú piensas que debes tener algo para poder creértelo, y yo te invito a que empieces a creer desde este momento, que creas todo lo que piensas.

»Esa magnífica lista de objetivos que has definido cuidadosamente —añadió, apuntando hacia mi pequeña libreta—, ya existe en tu plano mental por el mero hecho de haber pensado en ello. Ahora bien, para poder materializarlos, para permitir que aparezcan en tu realidad física, debes creer en su existencia con todas tus fuerzas, a pesar de que todavía no puedas percibirlos.

—Seguro, creo que ahora lo entiendo un poco mejor —dije, tratando de asimilar todo aquello—. No me estás pidiendo que crea en algo que no existe, sino en algo que no puedo percibir con mis sentidos. ¿Estoy en lo cierto?

—Exacto. Es una buena manera de verlo. Aunque, siendo más precisos, sí puedes percibirlo. Puedes hacerlo con tus ojos interiores, con tus oídos interiores, con tu tacto interior... Es decir, con tu propia mente —puntualizó—. En cualquier caso, cuanta más fuerza puedas darle a esa creencia, más fácilmente se producirá la materialización.

Me recliné en mi confortable butaca mientras pensaba en todo aquello. Acababa de caer en la cuenta de que no era la primera vez que escuchaba aquella teoría.

—En realidad creo que ya he oído antes hablar de todo esto —afirmé—. Has mencionado que se trata de la "ley de atracción", ¿verdad?

Daniel asintió con una sonrisa.

—Así es. La ley de atracción es un principio universal, tan real como la ley gravitatoria. Se trata de un principio que obedece a nuestro plano psicológico y no al físico, y por eso, nuestra ciencia todavía es un tanto reacia a admitir su validez. Sin embargo, cada vez más personas son conscientes de su existencia y la utilizan a su favor.

»El problema —continuó con un gesto de advertencia— es que muchos interpretan que el mero hecho de visualizar aquello que desean hará que aparezca en su vida. Pero la cosa no es tan sencilla. Deben darse las dos condiciones que te he mencionado: desapego hacia lo deseado y creencia de que ya lo posees. Y para ser realmente eficaz aplicando estas dos condiciones, es fundamental haber conquistado un cierto grado de riqueza interior.

—No termino de ver la relación.

—Es sencillo. Es difícil desapegarse de aquello que

deseamos sin un mínimo de autoestima conquistada. Y, de igual modo, no es fácil creer con la fuerza necesaria en algo "invisible" si no hemos desarrollado nuestra autoconfianza.

—Ya veo. Está claro que todo el trabajo interior que he estado haciendo tiene un sentido.

—¡Por supuesto! Ya te lo he dicho, todo surge de nuestro interior.

Daniel hizo a continuación uno de esos silencios un tanto dramáticos que avecinaban algo importante.

—Sin embargo —continuó al fin, mientras me miraba con intensidad—, además de tu capacidad interior, existen ciertas técnicas que permiten aumentar la fuerza de tu creencia y, por tanto, tu capacidad para materializar todos y cada uno de tus objetivos.

Me incorporé de nuevo como un resorte y volví a sujetar el bolígrafo.

—Se trata de intensificar todo lo posible el convencimiento de que ya posees lo que deseas, ¿cierto?

Asentí lentamente, mientras mi mente iba revisando uno a uno los objetivos que me había propuesto alcanzar. Ciertamente, no parecía nada fácil convencerme de que ya tenía todo aquello.

—Bien —continuó Daniel—, para lograrlo, lo único

que tienes que hacer es enfocar tus sentidos internos en tu objetivo.

—Mis sentidos... ¿internos?

—Me refiero a que debes utilizar tu mente para ver, oír y sentir que el objetivo ya se ha hecho realidad. Cuanto más profundices e insistas en ello, mayor será tu creencia y, por tanto, más rápido se producirá su materialización. Como ya he mencionado, en este punto serán determinantes tus progresos a la hora de mantenerte concentrado. Pero permíteme que te explique el procedimiento.

»Para ver tu objetivo debes imaginarte, es decir, visualizarte a ti mismo habiéndolo logrado. Puedes hacerlo como tú prefieras. Hay quien se observa desde el exterior, como si fuera el protagonista de una película. Otros se observan en primera persona. Hay quien prefiere crear una imagen congelada, como una fotografía del momento cumbre en el que consigue el objetivo. Hazlo como te resulte más sencillo, pero lo importante es que antes dediques unos minutos a aquietar tu mente. Utiliza para ello tu rutina meditativa. Cuanto más silencio logres en tu mente, más poderosa será la imagen que podrás crear. También es importante que día tras día vayas enriqueciendo esa visión con nuevos detalles y trates de aportarle mucha luminosidad. Eso le otorga a tu subconsciente mayor realismo y positividad.

»**Para escuchar el objetivo, debes realizar afirmaciones de poder**. Deben hacerse en positivo y en tiempo presente, como si estuvieras constatando algo que ya ha ocurrido. Utiliza los objetivos que has definido para ello. Por ejemplo, "soy un prestigioso médico". La manera más poderosa de hacerlo es pronunciar la afirmación de forma conjunta con la visualización. Como cualquier hábito, es fundamental perseverar y practicarlo cada día. De ese modo, el nivel de creencia irá calando en tu subconsciente y te irás transformando de un modo imparable en la persona que necesitas ser para que tus objetivos se materialicen.

»Finalmente, para sentir tu objetivo debes adaptar toda tu vida física a la creencia de que el objetivo ya está en tus manos.

—¿Quieres decir que actúe como si ya existiera en mi vida?

—Exacto. Sigamos con tu objetivo de ser pediatra. Mientras sigues tu plan y das los pasos necesarios, debes vivir como si ya fueras el médico de prestigio que deseas ser. Por ejemplo, si vuelves a la facultad, no lo hagas como un estudiante, sino como alguien que ya es lo que quiere llegar a ser. Debes vivir tu vida cotidiana con la actitud que tendría un prestigioso médico. Solo así empezarás a sentirte como tal.

—Pero... algunos pensarán que estoy loco.

—¡Que piensen lo que quieran! —exclamó Daniel entre risas—. Pero recuerda que no te estoy sugiriendo que te engañes. Físicamente, todavía eres un estudiante y no debes olvidarlo. Pero la manera de afrontar tus circunstancias debe ser la de una persona que ya ha alcanzado lo que persigue.

»Recuerda que no debes limitarte a creer en todo esto, Nicolas. Simplemente, pon en práctica estos consejos, y ¡tú mismo constatarás tu propia capacidad para materializar tus objetivos!

—¡Lo que propones es apasionante! —exploté, sin poder reprimir más mi entusiasmo. Escuchar a Daniel era verdaderamente inspirador, y de repente me sentía impaciente por empezar a aplicar todo aquello cuanto antes—. Pero aún me surge otra duda. Si este método funciona de un modo tan infalible, ¿por qué que no lo pone en práctica más gente?

—En realidad existen muchas personas que entienden y aplican los conceptos que te explico, Nicolas. Tú acabas de conocer a un pequeño grupo en Hawái, pero te aseguro que hay muchos más.

»Sin embargo, es cierto que son muchos más los que tan solo aplican algunas partes del método, ejerciendo con ello una influencia mínima a la hora de materializar lo que desean. Por ejemplo, algunas personas se limitan a visualizar durante un tiempo aquello que quieren conseguir. Otras practican las afirmaciones de poder y no hacen nada más. Otras definen muy bien sus objetivos y sus planes de acción, pero luego no adoptan la actitud adecuada.

»Son pasos en la dirección correcta. Pero el verdadero poder para atraer la riqueza exterior consiste en seguir el método completo con persistencia. Sigue trabajando tu riqueza interior, en primer lugar. La mayoría fracasa en este primer paso, que es fundamental. No me cansaré de repetírtelo, ¡todo sale de ahí! –recalcó–. Luego define adecuadamente tus objetivos, traza un plan y ponte en marcha. Ningún objetivo se materializa desde la inactividad. Mientras te sumerges en la acción, refuerza cada día la actitud que te permite desapegarte del resultado y a la vez cree con firmeza en su materialización. Para ello, visualiza, verbaliza y siente tus objetivos consumados, tal como te he explicado.

Mientras escuchaba aquella síntesis me surgió otra duda, ¿cómo podría saber que lo estaba haciendo bien?

—Y ¿si me equivoco en algo? —dije entonces preocupado—. Quizá piense que estoy aplicando bien tu método y no sea así.

Daniel sonrió mientras se estiraba en su gran butacón de piel.

—Es una buena pregunta, Nicolas. La respuesta es que atiendas a las señales.

—¿Señales dices? No te irás a poner otra vez en plan místico...

—No, hombre —negó divertido el hombretón—. Verás, hay dos tipos de señales que te indicarán que estás siguiendo el camino correcto. Una de ellas es eso que llamamos "casualidades".

—Bien —dije, suspirando—, ya hemos hablado del tema de la suerte y me has explicado que es algo que creamos nosotros, sobre todo con nuestra actitud.

—En efecto. En realidad estoy convencido de que todo, incluidas las circunstancias de nuestra vida, nace de una causa. Y eso que llamamos "casualidades" no es ninguna excepción.

»Sin embargo, estés o no de acuerdo con mi creencia, si sigues el método de forma correcta y permaneces atento, tarde o temprano algún tipo de casualidad aparecerá en tu vida. Algunos las llaman sincronías, pero no importa el nombre. Simplemente tómatelo como una especie de "pista" que te ofrece la vida para que no te desvíes del camino.

–Definitivamente, esta parte me resulta un poco difícil de creer.

–No te preocupes –dijo Daniel–. Haces bien en mantener tu escepticismo. Ya te he dicho en alguna ocasión que no debes creerme, sino experimentar todo lo que te aconsejo y decidir por ti mismo.

Lo cierto es que mi parte lógica se resistía a creer en todo aquello. No recordaba que, a lo largo de mi vida, alguna casualidad me hubiera orientado hacia ningún lado en particular.

"Quizá no prestaba suficiente atención. Tal vez ahora sea distinto, ya que soy más consciente…"

–Y ¿la segunda? –pregunté, ignorando la voz de mi propio pensamiento–. Has dicho que hay dos tipos de señales que nos indican que vamos por el camino correcto.

–En efecto. Se trata de una de las últimas cuestiones que necesitas saber en cuanto a la actitud correcta para materializar la riqueza. Pero es un tema de especial importancia y prefiero mostrártelo de un modo más... práctico, en nuestro próximo destino.

Cerré mi libreta con cierta resignación, aunque también un tanto agotado después de asimilar tantos conceptos. Me acomodé en mi butaca y cerré los ojos, dispuesto a dormir un rato.

—¿Falta mucho para llegar? —pregunté, ya un tanto adormecido.

—Tienes todo el tiempo que necesites para descansar. Completaremos la vuelta al planeta, e iremos a mi casa.

Abrí los ojos de golpe.

—¿A tu casa? Pero ¿tú no eres el "millonario sin hogar"?

## CAPÍTULO 17

# HACIA LA CIMA

**L**a una de la madrugada.

Cuando Daniel me advirtió que iniciaríamos la marcha "bien temprano", no pensé que pretendía empezar pocas horas después de la puesta de sol.

Caminábamos en la fría oscuridad de la noche, avanzando lentamente sobre la nieve, y todo parecía indicar que nos esperaba una jornada de dura ascensión.

Estábamos en Suiza. Tras salir del aeropuerto, nos habíamos trasladado hasta el bonito pueblo de Zermatt, desde donde tomamos un tren hasta una estación de esquí. Desde allí habíamos caminado a través de un espectacular paisaje de hielo y glaciares agrietados, hasta llegar a un recóndito refugio de piedra y madera.

"Es el refugio Monte Rosa –había explicado mi compañero, mientras se sacaba los crampones de las botas–. Descansa todo lo que puedas, que mañana viene lo divertido".

Mientras seguía a Daniel, que avanzaba con una luz frontal iluminando sus huellas sobre la nieve, empecé a preguntarme qué diablos sería aquello tan divertido qué pretendía mostrarme. Tan solo me había explicado que dedicaríamos tres días a practicar alpinismo antes de dirigirnos a la residencia de uno de sus hijos en Zermatt, un lugar que consideraba su propio hogar y donde nos reuniríamos con el resto de su familia.

Las horas iban pasando y conforme aumentaba el desnivel de la ascensión, más agotador resultaba mantener el duro ritmo impuesto por Daniel. En aquellos momentos me sentí enormemente agradecido por las rutinas diarias de ejercicio físico. La antigua versión de mí mismo probablemente habría desfallecido en algún lugar antes de alcanzar el refugio.

Nos detuvimos por enésima vez a hidratarnos y a comer algo mientras el sol empezaba a despuntar por el este, mostrando el paisaje que nos rodeaba. El escenario que había a nuestro alrededor era abrumadoramente bello. Miré a Daniel, tratando de encontrar las palabras adecuadas para describir cómo me hacía sentir aquel paraje, pero su expresión de felicidad me dio a entender que estaba sintiendo lo mismo que yo.

—Nos dirigimos a aquella cumbre, Nicolas —dijo con entusiasmo—. El Monte Rosa, la montaña más alta de Suiza. —El gran macizo rocoso que señalaba se elevaba justo ante nosotros. No parecía estar muy lejos, pero sabía que en un lugar como aquel las distancias podían ser muy engañosas.

Continuamos la ascensión durante unas horas más, haciendo descansos de tan solo unos minutos. Empezaba a sentirme realmente agotado y no dejaba de mirar un altímetro que me había prestado Daniel antes de empezar la travesía. Nos encontrábamos en medio de un inmenso glaciar en forma de anfiteatro, a casi cuatro mil metros de altura, y sabía que todavía quedaba bastante para alcanzar la cima.

Miré hacia uno de los pequeños montículos de lajas que alguien había hecho en el margen del sendero para orientar a los caminantes. Me pregunté cuántas balizas como aquella debían de quedar hasta llegar a cumbre.

—¡Presta atención solo al paso que estás dando, Nicolas! —dijo Daniel mientras caminaba ante mí—.

Concéntrate en lo que está ocurriendo ahora y no en lo que crees que está por llegar.

Traté de seguir aquel consejo y lo cierto es que funcionó. El agotamiento continuaba ahí, pero pronto noté que podía mantenerme en movimiento con menos dificultades mientras una parte de mí perdía levemente la noción del tiempo.

Tras superar una peligrosa arista, nos detuvimos unos segundos y, sin darme cuenta, volví a mirar hacia delante para tratar de calcular la distancia hasta nuestro objetivo. No me gustó lo que vi, y noté cómo mi escasa energía se escapaba de mi cuerpo tras una oleada de desánimo.

—No sé si lo vamos a conseguir, Daniel —dije, jadeando—. Esa cima aún está condenadamente lejos.

—Veamos —respondió mi compañero mientras se detenía con actitud reflexiva—, vamos bien de tiempo, las previsiones meteorológicas son aceptables, y hasta el momento has demostrado tener la habilidad suficiente para no caerte por ningún acantilado. Así que lamento discrepar, pero ¡todo indica que vamos a llegar arriba sin contratiempos! Sigue adelante y no permitas que las emociones limitadoras doblequen tu concentración.

Y sin más, continuó caminando.

• • •

Seguí sus pasos, tratando de centrarme en lo único que podía hacer: caminar y respirar, caminar y respirar, caminar y respirar... Decidí poner en práctica lo que había aprendido sobre la concentración, así que centré mi atención en aquellas dos acciones tan primarias. De algún modo, conseguí olvidarme de la cima, del agotamiento, de Daniel... incluso del lugar donde me encontraba. Nunca antes había logrado sostener mi atención durante tanto tiempo en una acción tan simple como poner un pie delante del otro.

De repente llegamos a una pequeña planicie rocosa. Una densa niebla se extendía a nuestro alrededor y un viento glaciar arremolinaba la nieve a mis pies. Aunque la niebla no me permitía confirmarlo, sin duda aquello era la cima.

¡Lo había conseguido!

Me desmoroné en el suelo con un gruñido de agotamiento y de satisfacción por el esfuerzo que había hecho para llegar hasta allí. Cuando se despejara toda aquella niebla, podríamos disfrutar de unas vistas fabulosas.

—¡Todavía no estamos arriba, Nicolas! —dijo Daniel, provocándome un sobresalto. El hombretón no había dejado de caminar y se alejaba del lugar donde yo me había sentado, desapareciendo rápidamente entre las brumas–. No te detengas... No te detengas... ¡No te detengas hasta el final!

Debía levantarme y seguir caminando.

El problema era que mi cuerpo no parecía estar de acuerdo en absoluto con aquella idea. Me dolían los pies y las piernas de un modo horrible y casi no sentía los dedos de las manos. Probablemente se me habían congelado y tendrían que amputármelos.

Miré hacia el lugar por donde había desaparecido Daniel. Quizá aquel lugar no fuera la cima, pero parecía una opción mucho más sensata que la de seguir con aquella ascensión. Dios sabe durante cuánto tiempo.

"Sí –pensé mientras apretaba los puños y los dientes, obligando a mi cuerpo a ponerse de nuevo en pie–, lo sensato es quedarse aquí y esperar. Pero tú ya has pasado por eso, ¿verdad? Ya sabes lo que es quedarse sentado y dejar que la vida pase de largo. ¡Me niego a perder más oportunidades en nombre de la sensatez!".

Con un esfuerzo indecible logré ponerme en pie.

Las piernas me temblaban por el esfuerzo y el aire de aquel lugar parecía no saciar mis pulmones.

Aquello no acababa nunca y mi cuerpo no dejaba de exigir en su doloroso idioma que volviera a sentarme para descansar.

Paso a paso, seguí las huellas que había dejado Daniel, hasta que, a pocos metros, encontré un paso entre las rocas por donde parecía continuar la ascensión.

Seguí poniendo un pie delante del otro, tratando de recuperar la concentración. El paso del tiempo volvió a desdibujarse mientras avanzaba lentamente al ritmo de mi fatigosa respiración. Pasé junto a varias balizas más que confirmaban la correcta trayectoria hasta la verdadera cumbre.

Finalmente, una mano se posó con firmeza sobre mi hombro y detuve la marcha. Daniel estaba ante mí, mirándome con expresión solemne, y me invitó con un silencioso gesto a que mirara a mi alrededor.

—¡Está hecho, amigo mío! Estamos en la punta Dufour. Esta es tu cima, Nicolas —dijo mi compañero—. Me siento muy orgulloso.

Esta vez sí. Habíamos llegado.

Los Alpes suizos e italianos se extendían ante nosotros como un majestuoso mar blanco de interminables ondulaciones. Miré de forma refleja mi altímetro: 4.630 metros.

Unas lágrimas cruzaron mis heladas mejillas. Nunca antes me había sentido tan cerca del cielo.

●●●

—¿Qué conclusiones puedes extraer de esta experiencia?

Una agradable hoguera crepitaba ante nosotros y una taza humeaba en nuestras manos. Estábamos de nuevo en el refugio. Sabía que aquella pregunta guardaba relación con mi aprendizaje, así que medité unos instantes antes de precipitarme con la respuesta.

—Me ha servido de gran ayuda la capacidad para centrarme solo en aquello que podía controlar —afirmé—. Resultaba sorprendentemente útil. De hecho, pude comprobar en diversas ocasiones cómo cada vez que mi mente se centraba en la distancia que faltaba, la debilidad se apoderaba de mí.

Daniel asintió y me animó a continuar.

—Por otro lado, la experiencia de alcanzar la cumbre ha sido... tremendamente emotiva, Daniel. Creo que lo recordaré como uno de los momentos más felices de toda mi vida.

—Toda cima conquistada, todo tesoro descubierto siempre supera nuestras mejores expectativas. La ascensión de hoy simboliza a la perfección el camino de transformación que deberás hacer para lograr materializar tus objetivos. Hace un par de días te explicaba que hay dos señales que nos marcan el camino correcto.

—Sí. Las casualidades...

—En efecto —continuó Daniel, ignorando mi tono escéptico—. Las casualidades que irán apareciendo se asemejan a las balizas de piedra que hemos ido encontrando a lo largo de la ruta hasta la cumbre. Son valiosos puntos de referencia que nos ayudan a mantener el camino correcto.

»El segundo tipo de señal que debes tener muy en cuenta son los problemas.

—Eso no lo esperaba —reconocí con sorpresa.

—Las dificultades que surgen en el proceso de conseguir nuestros objetivos se asemejan a la pendiente que vas superando conforme te aproximas a la cima. Son la reacción lógica al proceso natural de cambio que debemos experimentar.

—Y cuanto más se avanza, más intensa es la tentación de abandonar la ascensión.

—En efecto. Por eso es muy importante entender la verdadera naturaleza de las dificultades que surgen conforme seguimos nuestro plan de acción. La pendiente en el camino es desalentadora y desagradable, pero el caminante consciente sabe que eso solo significa que está ganando altura y, por tanto, aproximándose a su objetivo. Del mismo modo, cada problema es una buena noticia, **ya que señala que estamos venciendo las fuerzas opositoras que nos separan de nuestro objetivo.**

»También debes tener en cuenta que cuando falte poco para llegar a la cima, surgirá el gran problema final, el último y más difícil desnivel de la ascensión. Probablemente, llegue del lugar más inesperado, pero debe entenderse como una señal esperanzadora de que has seguido el camino correcto y de que tu meta se encuentra muy cerca. En esos momentos, tu mente te dirá que todo está perdido y te presentará un amplio abanico de argumentos, muy convincentes, que así lo demuestran. Recuerda que nadie te conoce mejor que tu propia mente y, por tanto, nadie es más sugestivo a la hora de convencerte de algo. ¡Por eso es tan importante estar prevenido, siendo consciente de todo esto!

Recordé los últimos metros de la ascensión y el terrible esfuerzo que tuve que hacer para seguir caminando una vez que me había convencido de que ya habíamos llegado a nuestro destino. En aquellos momentos de angustia solo podía pensar en que no lo iba a conseguir. Sin embargo, seguí caminando.

—Recuerda que esa gran dificultad es la mejor noticia de todas. Es la señal más clara de que tu objetivo te está esperando justo detrás. Por otro lado —enfatizó Daniel—, también debes tener en cuenta que cuanto más grande parezca el problema, más gloriosa es la meta que oculta.

»Aunque el aspecto de esos problemas es infinitamente variable, lo cierto es que todos ellos tratan de convencerte siempre de lo mismo: "Hay algo fuera de ti, algo que tú no puedes solucionar y que escapa a tu capacidad. No puedes hacer nada para solucionarlo. Todo está perdido. ¡Abandona!".

—Así es exactamente como me sentía —asentí fascinado—. Pero ¿qué hay que hacer llegados a ese punto?

—Exactamente lo mismo que has hecho hoy: seguir respirando y avanzando. Respirar es el equivalente a mantener las rutinas que te permiten disponer de toda la energía que necesitas para seguir adelante. ¡Nunca será más importante el estado en que esté tu energía! En los momentos de dificultad será cuando menos dispuesto te sientas a ocuparte de dichas rutinas, y también cuando debas perseverar en ello con más ahínco que nunca. Cuida tu energía física como un tesoro sagrado. Revisa tus estados emocionales y atiende correctamente aquellas emociones que te limitan y te desgastan. Centra tu mente en lo que está ocurriendo en el momento presente y no en las desgracias que quizá nunca lleguen.

—Yo diría que pocas cosas me han hecho perder más el tiempo que la preocupación —reflexioné—. Y lo peor de todo es que ese sufrimiento nunca me ha servido de nada. ¡Las cosas que más me han preocupado jamás llegaron a suceder!

—La preocupación es una de las formas mentales que nacen del miedo —explicó Daniel—. No se trata de ser temerario e ignorar el miedo, sino de centrar tu mente en el único lugar donde puede ser útil.

—El momento presente...

—¡Exacto! ¿Sabes qué actitud tenían en común los samuráis más legendarios? Antes de la batalla aceptaban en su interior la peor de las posibilidades; es decir, la muerte y la derrota. Una vez hecho eso, se olvidaban por completo de ello y afrontaban lo que estaba ocurriendo con una sola idea en su mente: la victoria segura.

—Entiendo lo que me quieres decir. Es cierto que asumir la peor de las posibilidades puede aportar cierta tranquilidad.

—Así es. Pero recuerda la segunda parte: después hay que olvidarse de ello. ¡Ya está aceptado! Lo que venga, vendrá. Solo importa lo que ocurre en el momento presente, y si debes pensar en algo, piensa que ya has conseguido lo que te has propuesto. De hecho, esta es la segunda cuestión que debes tener en cuenta en el camino hacia tu objetivo, además de mantener tu energía.

—¿La segunda cuestión? —pregunté, algo confundido.

—Siguiendo con la analogía, además de respirar, debes seguir caminando. **Es decir, no detenerte jamás a pesar de la pendiente cada vez más adversa que te tienta a ello.**

»Eso significa mantener con voluntad férrea la actitud adecuada que está produciendo la materialización de los objetivos. No importa el aspecto que tenga el gran problema final. Visualiza, verbaliza y siente tu meta cada mañana y cada noche. ¡Camina! Pero no lo hagas como quien asciende una penosa pendiente, sino como quien ya pasea por la cima conquistada.

»Si te mantienes así el tiempo necesario, y siempre

será menos de lo que creas, la inesperada belleza de la cima será tuya, y tú ya te habrás convertido en alguien un poco mejor. En alguien... más poderoso.

## CAPÍTULO 18

# UNA FAMILIA

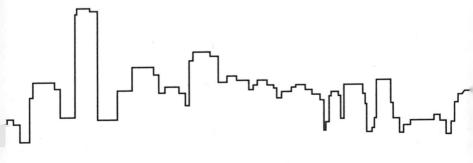

**T**ras pasar nuestra segunda noche en el refugio Monte Rosa, emprendimos el camino de regreso hasta la ciudad de Zermatt. Daniel me explicó que aquel día era el cumpleaños de su hijo. Esa fecha se había convertido en motivo de reunión familiar y se respetaba rigurosamente cada año.

También afirmó que allí finalizaría mi proceso de preparación.

Aquella idea me sumió en un extraño estado de euforia por haber logrado lo que, sin duda, había sido el mayor reto de toda mi vida, pero también me provocó cierta confusión por la avalancha de dudas sobre cómo debía afrontar mi futuro más inmediato.

Justo cuando salíamos del tren, un pequeño y

silencioso auto con motor eléctrico se detuvo ante nosotros.

−¿Los llevo? −bromeó la conductora.

Mientras miraba pasmado a la mujer, noté cómo la incómoda combinación de emociones que me habían acompañado a lo largo del descenso desaparecía en un instante, como barrida por una cálida brisa.

Era Elisa.

Tras los abrazos y los saludos de bienvenida, entramos en el vehículo y empezamos a circular entre las campestres calles de Zermatt. Desde el asiento trasero, miraba absorto a la mujer de cabello rubio que intercambiaba bromas y sonrisas con su padre mientras conducía.

De repente me di cuenta de que desde que nos habíamos subido en el auto, apenas había sido capaz de balbucear unas cuantas palabras sin demasiada coherencia. ¡Dios mío! Aquella mujer me hacía sentir como un adolescente.

Una nueva luz de advertencia se encendió en algún lugar de mi mente, indicándome que la posibilidad de haberme enamorado de aquella doctora no hacía más que complicar las dudas sobre mi futuro. Aquella idea resultaba emocionante y aterradora al mismo tiempo, ya que tenía muy presente que uno de mis objetivos era recuperar la relación con mi exmujer.

Miré por la ventanilla en un intento de desviar mi atención hacia otra cosa. Prácticamente no había tráfico en aquellas calles y los pocos vehículos que pude ver eran eléctricos.

—Aquí son enormemente respetuosos con el medio ambiente —afirmó Elisa de repente, mientras conducía y me miraba con cierta preocupación desde el espejo retrovisor. Luego golpeó a su padre inesperadamente en el hombro.

—¡Vamos, papá! Parece agotado. No me digas que lo has llevado hasta el Dufour.

—Así es. —Había orgullo su voz—. Y te aseguro que ha hecho una ascensión perfecta.

—¡Bravo! —exclamó la mujer, mientras me sonreía de nuevo a través del pequeño espejo—. No todos lo consiguen, ¿sabes?

—Bueno —interrumpió Daniel, en tono justificativo—, no siempre tenemos suerte con el tiempo. El año pasado la tempestad fue terrible. Llegar hasta el refugio fue un reto más que suficiente para el chico...

Miré a padre e hija desde el asiento trasero. Una extraña idea empezó a tomar forma en mi mente.

—¿Estás diciendo... que no es la primera vez que haces esto? —pregunté.

La pareja intercambió una breve mirada de complicidad. Luego Daniel giró desde su asiento para mirarme.

—Ya te expliqué que desde hace tiempo me dedico a buscar personas que están preparadas para ofrecer sus facultades al mundo. Luego trato de compartir con ellas las leyes de la verdadera riqueza. Desde que estoy parcialmente retirado, dedico un año aproximadamente a cada persona. Debo reconocer que algunos necesitan algo más de tiempo, pero hasta ahora mi intuición no me ha fallado —afirmó con satisfacción—. Todos ellos han conseguido potenciar sus cualidades personales y han dado forma a sus objetivos de vida más ambiciosos.

Lo miré en silencio, un tanto desorientado y sin saber qué decir. Por alguna razón, no me gustó oír aquello.

Traté de prestarle atención a aquella emoción desagradable, tal como me había enseñado a hacer aquel hombre. Comprendí que lo que estaba sintiendo surgía de mi deseo de ser alguien especial, alguien reconocido y respetado por sus logros.

Tenía que admitir que el hecho de comprender que

solo había sido un individuo más dentro de la compleja red de personas influenciadas por el carismático Daniel Wheelock me hacía sentir algo decepcionado. Sin embargo, también me daba cuenta de que podía no dejarme arrastrar por aquel sentimiento, si así lo decidía.

Mientras reflexionaba sobre todo aquello, padre e hija guardaron silencio, y noté que los ojos de Elisa me observaban con atención.

● ● ●

En pocos minutos, el auto se detuvo. Estábamos frente a un espectacular chalet de varios pisos, construido sobre la ladera nevada de una pequeña colina, en las afueras de la población. La estructura de varias plantas se había construido con madera, piedra y cristal, y una cálida iluminación surgía del interior.

No pude más que sonreír ante la enorme y lujosa mansión. La dura ascensión a la montaña me había hecho olvidar que me encontraba en compañía de una de las familias más adineradas del planeta.

Entramos a una amplia y acogedora sala de estar. Estaba repleta de personas que conversaban con copas de cóctel en la mano. La mayoría se aproximó a recibirnos, y mientras saludaba y estrechaba manos, me di cuenta de que en aquel lugar se respiraba un clima de evidente cordialidad y camaradería.

Pensé que, probablemente, entre aquellas personas no existían los profundos y sorprendentes vínculos que unían a los miembros del Club de los Extraordinarios, pero todo el mundo parecía mostrarse de lo más distendido, y era evidente que todos sentían un especial afecto por Daniel.

El excéntrico millonario se puso a conversar jovialmente con un tipo alto y corpulento, que más tarde me presentó como su hijo. Observé divertido que el parecido entre ambos era notable, incluso en la ruidosa manera de reír.

Tras las presentaciones iniciales, un tipo menudo, con gafas negras y aspecto intelectual, me dirigió una sonrisa de complicidad mientras se aproximaba hacia mí. Me dispuse a presentarme... pero inmediatamente me di cuenta de que ya lo conocía.

—Nicolas, te veo con mucho mejor aspecto que la última vez —dijo el joven, estrechándome la mano vigorosamente.

—Tú... ¡eres el de la tarjeta! —exclamé mientras recordaba aquella mañana de resaca. Una imagen lamentable de mí mismo, en interiores y con un humor de perros, acudió de inmediato a mi memoria.

—El mismo —confirmó con un guiño a modo de saludo—. Encantado de volver a hablar contigo.

—Te pido disculpas por mis modales. Digamos que aquel día no estaba en mi mejor momento —reconocí un tanto avergonzado.

—¡Tranquilo! Te aseguro que puedo entenderlo. Yo también sé lo que es resurgir de tus propias cenizas, ¿sabes? De hecho, fui la última persona a la que instruyó Daniel. Antes de ti, claro.

—Ya veo. En realidad acabo de enterarme de eso —reconocí, todavía un tanto sorprendido—. ¿Daniel también era tan reservado contigo a la hora de informarte sobre lo que te esperaba?

Al chico pareció hacerle mucha gracia la pregunta.

—Lo cierto es que no —contestó entre risas—. Una de mis viejas maneras de esconderme consistía en cerrar los ojos a cualquier dificultad que pudiera plantearme la vida. Para mí, el problema no existía si no podía verlo. Así que a lo largo de mi año de preparación, Daniel se aseguraba de informarme con antelación y con sumo detalle de todas las pruebas que debía superar. No fue fácil, pero eso me sirvió para adquirir la suficiente confianza en mí mismo como para hacerle frente a cualquier dificultad en lugar de darle la espalda.

El joven adoptó una actitud reflexiva, como midiendo si debía añadir algo más.

—Los métodos de Daniel son poco ortodoxos —continuó finalmente—, pero siempre hay una buena intención en todo lo que hace y nadie puede negar que es un excelente maestro. De hecho, todos los que estamos aquí hemos recibido de algún modo u otro su ayuda. Con el tiempo he ido comprendiendo que, tras perder una parte de su familia, nuestro amigo ha sabido rodearse de aquellos que lo aprecian y lo quieren.

Miré con atención a todas aquellas personas desconocidas que conversaban entre sí. De repente me asaltó una repentina sensación de desconfianza. ¿Qué había querido decir Daniel cuando hablaba de "familia"? ¿Quién era aquella gente realmente?

Miré a mi interlocutor sin poder evitar un cierto recelo.

—¿Tú trabajas para ellos? —inquirí.

El chico guardó silencio unos instantes mientras me observaba con detenimiento. Distinguí un atisbo de compasión en su expresión, en la que ya había reparado la primera vez que nos encontramos.

—Así es —confirmó—. Pero si estás pensando que los Wheelock han formado una especie de secta o algo así, te aseguro que te equivocas. Lo menciono porque a mí se me pasó por la cabeza cuando llegué a esta casa, probablemente igual de desorientado que tú. No sé qué tipo de trato te habrá ofrecido Daniel, pero eres completamente libre de escoger tus próximos pasos. Así ocurrió en mi caso, y también en el de todos los que han recibido sus enseñanzas.

Aquello me hizo recordar que yo también debía tomar una decisión. Daniel me había ofrecido un puesto de trabajo en alguna de sus múltiples empresas a cambio de finalizar el proceso de formación que estaba a punto de completar. Aquel era el motivo original que me había llevado hasta aquel lugar, pero el tiempo había pasado muy rápido, y después de dar la vuelta al planeta, viviendo todas aquellas experiencias, casi me había olvidado de eso.

Respiré hondo y traté de relajarme un poco.

—Disculpa de nuevo mis... modales. Pensaba que había aprendido a manejar las constantes sorpresas del grandullón, pero ya veo que no es así.

—No pasa nada —dijo sonriendo el joven, mientras me daba unas afectuosas palmaditas en el brazo y saludaba a otra pareja de invitados–. Como ya he dicho, todos los que estamos aquí podemos entender tu confusión.

•••

Justo cuando el joven se alejaba, apareció Elisa con un cóctel en la mano.

–¡No me mires así! –exclamó con fingida expresión de espanto–. No lleva alcohol, y te lo he preparado con todo mi cariño.

–Siendo así... –Acepté la copa con una tímida sonrisa y nos aproximamos a uno de los grandes ventanales del salón.

El pueblo iluminado en tonos verdes y anaranjados formaba un paisaje mágico desde aquella privilegiada perspectiva. Los dos nos mantuvimos en silencio unos minutos, mientras bebíamos y disfrutábamos de aquella vista.

–¿Sabes? –dijo finalmente la mujer–. Acabas de hablar con el analista financiero de mayor confianza de mi padre. Hace solo algo más de dos años era un matemático sin empleo, encerrado en sí mismo y con serias dificultades para relacionarse con los demás.

–¿Te refieres a...? –Miré hacia el joven de aspecto intelectual con el que acababa de conversar. En aquellos momentos hablaba con otras tres personas con soltura y evidente naturalidad–. Increíble –Murmuré, divertido–. Pues parece que ha avanzado bastante con sus problemas de comunicación.

–Bueno, aquí no encontrarás a nadie que no valore mucho su autodesarrollo –dijo Elisa tras reírse con mi comentario.

–Y ¿todos han hecho el entrenamiento con Daniel? –pregunté. Todavía me costaba asimilar el hecho de que toda aquella gente hubiera pasado por lo mismo que yo.

–No todos del mismo modo –puntualizó–. Pero de una forma u otra han recibido las enseñanzas de mi padre. Somos una especie de extraña familia, donde Daniel es el nexo que nos une.

–Ya veo...

–Todavía no sabes qué demonios haces tú aquí, ¿verdad? –preguntó de repente la mujer.

–Lo cierto es que no –confesé–. Cuando conocí a Daniel, solo deseaba encontrar un trabajo y recuperar mi vida. Pero ahora...

**–Ahora eres otra persona** –atajó ella con dulzura–. ¿Sabes? Todo el mundo puede conseguir la verdadera riqueza si realmente se lo propone. Sin embargo, mi padre selecciona a aquellas personas que, además, poseen algún tipo de cualidad potencial que pueda adaptarse a su equipo de colaboradores de máxima confianza. Tiene facilidad para ver ese tipo de cosas en los demás —añadió, encogiéndose de hombros.

Volví a mirar hacia el acogedor salón en el que nos encontrábamos y a todas aquellas personas. ¿Realmente quería formar parte de todo aquello?

—Si te soy sincero, todavía no estoy seguro de ser la persona que tu padre cree ver en mí.

Elisa me miró con intensidad unos instantes antes de responder.

—He comprobado personalmente cómo actúas mientras sigues tu vocación. En mi trabajo yo también trato de rodearme de aquellos que sienten verdadera pasión por lo que hacen y, créeme, he visto a pocas personas que desprendan tanto amor por su profesión como tú lo haces. Estoy segura de que mi padre también ha visto esa cualidad latente en tu interior.

La mujer puso su mano sobre la mía y me miró a los ojos.

—Yo comprenderé cualquier decisión que tomes. Sin embargo —titubeó levemente—, tengo que confesar que... me sentiría muy feliz si pudiéramos trabajar juntos.

Cerré mi mano lentamente alrededor de la suya y traté de sonreírle, de corresponder a su muestra de afecto. Pero el rostro de Sara, la mujer con la que había compartido prácticamente toda mi vida, me obligó a bajar la mirada.

¿Por qué me sentía tan confundido? ¿Acaso no tenía muy claro lo que quería? Elisa soltó mi mano con suavidad y me vi reflejado en sus grandes ojos azules.

—No te tortures, Nicolas. Sé que son muchos los cambios que estás viviendo. Necesitas tiempo. Tiempo para poder asimilarlo todo. Y yo soy una mujer bastante paciente, ¿sabes? —Sonrió.

La miré y, en aquella ocasión, sí pude asentir y corresponder a su sonrisa. Quería transmitirle, aun silenciosamente, la certeza que llenaba mi corazón en aquellos precisos instantes. La profunda seguridad de que, más allá de mis temores, nuestro destino caminaba de la mano desde el día en que nos conocimos.

Entonces me miró, sonrió ligeramente... y comprendí que ella también lo sabía.

•••

La cena transcurrió de forma sorprendentemente agradable y distendida.

Todos querían cruzar unas palabras conmigo y la mayoría, al igual que el joven matemático con el que había conversado al llegar, parecía hacerse cargo de la sensación de desorientación del "recién llegado".

Algunos me explicaron aventuras increíbles, muchas de ellas vividas en su propio proceso de aprendizaje junto a Daniel. Otros también me hablaron de sus vidas, de su proceso de cambio e, incluso, de sus propios objetivos.

Lo cierto es que gracias a la honestidad y la confianza que mostraban todas aquellas personas, enseguida me sentí lo suficientemente desinhibido como para compartir algunas de mis propias vivencias.

Les hablé sobre nuestra experiencia en Kenia y sobre cómo los indígenas turkana danzaron alrededor del primer pozo de agua. Todos rieron cuando narré mi aparatosa llegada a nado a la isla desierta, debatieron sobre la importancia de los valores personales cuando les hablé de Jiro y su restaurante de sushi, y mostraron un silencioso respeto cuando mencioné el Club de los Extraordinarios.

Nadie en absoluto me juzgó ni me dio su opinión

sobre lo que debía o no debía hacer, aunque todos ellos parecían comprender perfectamente mi situación y me trataron como a un miembro más de aquella extraña familia.

Cuando algunos de los invitados empezaron a retirarse, Daniel me invitó a que lo acompañara al piso de arriba.

Entramos en una curiosa habitación, cuyo techo era una gran bóveda de cristal a través de la cual se veía el firmamento con sorprendente nitidez. Un gran telescopio presidía el centro de la sala.

—¡Increíble! —exclamé, admirando el lugar—. No me habías dicho que también eras un aficionado a la astronomía.

—Es una afición de mi hijo. Es un enamorado de las estrellas desde que era un niño —explicó con evidente orgullo mientras se estiraba en uno de los diversos divanes que había en la sala.

Yo procedí a imitarlo, y ambos guardamos silencio mientras admirábamos aquel mágico pasaje de luz difusa que formaba la Vía Láctea.

—No sé qué hacer, Daniel —declaré finalmente, tras un largo suspiro—. Estoy confundido... ¡por estar tan confundido!

—Es completamente normal, amigo mío. ¿Recuerdas el primer día que nos vimos? En aquella ocasión te hablé de las diferentes fases que tiene toda crisis. Tú ya has superado tres de esas cinco fases, y actualmente te encuentras en esa que llamo "parálisis".

—Parálisis... Cuando sabes lo que quieres y lo que debes hacer, pero, aun así, no te mueves hacia ello —dije, rememorando la explicación de Daniel. Parecía que había transcurrido una vida desde que aquel millonario sabio me hablara de todo aquello.

—Exacto. Tu mundo interior se ha ampliado considerablemente y ya dispones de los conocimientos necesarios para conseguir materializar tus sueños. Sabes que tienes todo lo necesario para tomar las riendas de tu vida y eso, aunque pueda parecer extraño, suele dar bastante miedo. Esa es la causa inconsciente de tu confusión, de tu parálisis.

»Sin embargo, debes entender que se trata solo de un estado transitorio y que debes darte todo el tiempo que necesites. Has completado el proceso de preparación necesario para formar parte de mi equipo y, por tanto, has de saber que mi oferta de trabajo sigue en pie.

—Pero tengo importantes decisiones que debo tomar.

–Y así es. Pero quizá no debas hacerlo ahora mismo. Ya te dije que después de tu entrenamiento deberías volver a tu pasado para enfrentarte a él y transformarlo. Por tanto, regresa a casa, amigo; trabaja en esos objetivos que has definido, siguiendo las instrucciones que conoces y manteniéndote bien atento a lo que ocurre a tu alrededor. **La vida te indicará el camino que debes seguir, Nicolas. Siempre lo hace.**

–Te refieres a las... señales –contesté suspirando, sintiéndome de repente bastante cansado. Sabía que hablaba de aquellas casualidades en las que me costaba creer, pero también de nuevas dificultades a las que debería enfrentarme.

¿Era eso lo que tanto temía?

–Supongo que lo que me preocupa es no llegar a ser feliz después de todo –murmuré para mí mismo.

Pensé que Daniel no había escuchado aquello, pero tras un largo silencio, giró lentamente el rostro y me miró con intensidad desde su diván.

–Te preocupa si serás feliz una vez que consigas lo que te has propuesto, pero todavía no te has dado cuenta de que ya lo eres. No caigas en la trampa más peligrosa que es capaz de crear nuestro propio ego. Debes comprender que la felicidad real y duradera no la conseguirás por el mero hecho de alcanzar tus objetivos.

Miré a Daniel sin comprender.

—Pero yo pensaba que lograr la riqueza exterior también era un paso necesario.

—Y así es. Necesitas materializar todos y cada uno de tus sueños para poder crecer y evolucionar eficientemente en esta escuela que llamamos vida. Sin embargo, la verdadera felicidad no es algo que debas conseguir, sino que está dentro de ti por naturaleza. Siempre ha estado a tu disposición, acompañándote y esperando a que seas lo suficientemente sabio como para reparar en ella. Ese es el verdadero significado de la famosa sentencia: "la felicidad no está en la meta, sino en el camino".

—Entonces ¿el camino es... el desarrollo de la riqueza interior? —aventuré, sin pensar demasiado en lo que decía.

—Así es. La meta es la manifestación material de nuestros objetivos y el último paso necesario y natural, ya que se trata de materializar lo que ya hemos conseguido en planos más sutiles.

»El problema habitual en este asunto es que llegamos a cegarnos de tal manera con alcanzar dicha meta que olvidamos nuestra capacidad innata de percibir la auténtica felicidad, disponible en el momento presente. Quien se obsesiona con lo que busca no puede apreciar lo que ya tiene. Y, como he dicho, tú ya tienes todo lo necesario para sentirte bien, Nicolas.

Guardamos silencio de nuevo mientras seguíamos contemplando el firmamento. A pesar de aquellas palabras, todavía sentía una inquietud que se agitaba en mi interior.

Siempre me había considerado una persona bastante autónoma, pero después de todos aquellos meses viviendo bajo la influencia de aquel hombre, se me hacía especialmente difícil la idea de afrontar cualquier dificultad sin su compañía.

—El caso es que... —titubeé, tratando de encontrar las palabras.

Daniel volvió a girar el rostro para mirarme con afectuosa atención.

—El caso es que sigues teniendo miedo —concluyó él, simplificando.

—Sé qué debo enfrentarme a mis temores, tal como me enseñaste. Pero no puedo evitar pensar que quizá he sido demasiado ambicioso a la hora de formular mis objetivos. Tal vez no necesito tanto...

Daniel sonrió brevemente, dándome a entender que entendía cómo me sentía.

—Como te he dicho, es normal que ahora estés inmovilizado por tus miedos. El temor de no ser feliz, el temor de fracasar... Confía en mí, amigo mío. Solo son nubes pasajeras que cubren temporalmente un sol interior que has estado alimentando correctamente.

»Recuerda tu ascensión a la montaña —dijo, señalando hacia el firmamento, como si aquella cima que habíamos coronado se encontrara junto a las estrellas—. También entonces estabas seguro de que no serías capaz de conseguirlo. Ahora deberás hacer un último esfuerzo para acabar de adaptar tu vida a la nueva persona que eres. Ya sabes lo que debes hacer. Mantén la actitud correcta para materializar tus objetivos y trabaja cada día con las rutinas que te ayudarán a mantener tu energía interior.

—Pero, esta vez, deberé afrontarlo yo solo... —murmuré para mí mismo.

Daniel asintió lentamente e, incorporándose del diván, puso una mano sobre mi hombro.

—Te aseguro que estás preparado, amigo mío.

Miré en silencio a quien había sido el maestro más importante de mi vida y, durante un instante, creí entrever el brillo de las constelaciones titilando en el fondo de sus ojos. Sin embargo, tras un parpadeo, solo percibí una cosa en su mirada: una confianza arrolladora.

## CAPÍTULO 19

# UNA NUEVA VIDA

"Hospital Psiquiátrico", rezaba el gran cartel tras el que se detuvo mi taxi. Miré hacia la entrada del edificio gris. La estructura desprendía un aire tétrico y deprimente que solo me provocaba ganas de alejarme todo lo posible de aquel lugar. Tras separarme de Daniel en Suiza, mi estado de ánimo no estaba en su mejor momento y nada me motivaba menos que entrar en un sitio como aquel.

Recordé la última conversación con Daniel. La despedida había sido breve y un tanto confusa. Yo había intentado buscar algo emotivo que decir, unas palabras adecuadas para agradecer todo lo que aquel hombre había hecho por mí... Pero el hombretón había simplificado el proceso rodeándome entre carcajadas con uno de sus efusivos abrazos.

—No importa lo que hagas o decidas hacer en el futuro, amigo mío –me dijo–. Ahora formas parte de mi familia y no son necesarias las despedidas cuando alguien te acompaña en el corazón.

Finalmente, y por primera vez desde que lo conocía, me había pedido que le hiciera un favor.

—Me gustaría que le entregaras esto a quien será mi próxima alumna –me había dicho mientras me entregaba una pequeña tarjeta–. Se llama Claudia León. Tan solo dale esto de mi parte y dile que se ponga en contacto conmigo. Está pasando por momentos difíciles, aunque te recomiendo que utilices tu intuición para ver más allá de lo evidente. Puedes considerarlo un... último reto dentro tu preparación personal –había añadido.

Abrí la puerta del taxi y salí con decisión. Después de todo lo que había experimentado y aprendido a lo largo del último año, una simple entrega no me impediría finalizar completamente mi proceso de formación.

Entré en el lúgubre edificio, me aproximé a una pequeña recepción junto a la entrada y pregunté por la persona que debía localizar. Tras el mostrador, una mujer de rostro pálido me dirigió una expresión a medio camino entre la molestia y el aburrimiento.

—¿Viene usted a visitar a la señora León? —preguntó. Creí entrever en su tono monocorde una ligera sorpresa.

—Así es. Espero que no haya ningún inconveniente.

La mujer me miró unos segundos más sin responder y luego empezó a teclear, con escasa habilidad, sobre el teclado de un ordenador.

—Supongo que el inconveniente es que usted sea su primera visita en todo este tiempo —añadió, finalmente, tras un largo suspiro—. Primer piso, al fondo del pasillo.

Seguí las indicaciones hasta llegar a un gran salón de baldosas blancas. Un grupo de residentes con aspecto de lo más variopinto estaba sentado ante un pequeño televisor con el sonido apagado. Ninguno de ellos pareció reparar en mi llegada, excepto un cuidador que leía una revista con expresión somnolienta. Me dispuse a preguntarle por la persona que estaba buscando...

Pero fue entonces cuando la vi.

En aquel instante, dos certezas se encendieron en mi interior. No se trataba de conclusiones extraídas de ninguna observación. Era un doble sentimiento de certidumbre, absolutamente irracional, que parecía surgir de algún lugar profundo de mi mente.

La primera certeza me indicaba que la mujer que miraba por la ventana, sentada en el rincón de aquel salón, era la persona que estaba buscando. Y la segunda apuntaba a que aquella misma persona no encajaba en absoluto en aquel lugar... y que su camino estaba en otra parte.

Respiré profundamente y me dirigí hacia ella en silencio, mientras notaba la mirada vigilante y silenciosa del cuidador clavada en mi espalda.

—¿Claudia? —dije en voz baja cuando llegué a su lado. Por alguna razón consideré que en aquel lugar no era prudente utilizar un tono de voz normal.

La mujer ni siquiera parpadeó y siguió contemplando la ventana que daba a un pequeño jardín.

Iba a volver a pronunciar su nombre cuando giró lentamente el rostro para mirarme. Los huesos de la cara se le marcaban bajo la piel, otorgándole un aspecto duro y anguloso a sus facciones, y unos grandes ojos negros destacaban entre las oscuras sombras de quien ha pasado demasiado tiempo sin conciliar el sueño. Llevaba un pañuelo negro en la cabeza y un mechón de cabello canoso asomaba con rebeldía sobre su frente.

Jamás había visto tanto dolor en una sola mirada.

La mujer volvió a girar el rostro hacia la ventana, sin decir ni una palabra.

—Mi nombre... es Nicolas —dije, tras ciertos titubeos y con el convencimiento de que hablaba con alguien a quien no le interesaba en absoluto nada de lo que yo pudiera explicarle.

Luego tomé aire, abrí la boca para decir algo más, pero sin saber qué añadir, me senté a su lado... y yo también me puse a mirar a través de aquella ventana.

Unos lánguidos cipreses danzaban al compás del viento allí fuera, mientras yo sentía, cada vez con más fuerza, la fría tristeza que emanaba de la persona que tenía a mi lado.

Estuve así un buen rato hasta que, finalmente, encontré las palabras que necesitaba.

—No te conozco, ni sé qué te ha ocurrido —dije en voz baja, sin dejar de mirar a través del cristal—. Sin embargo, creo que puedo comprender tu dolor. También sé que ahora mismo no te interesa nada de lo que pueda decirte, pero te pido que escuches esto: **este no es tu lugar, ni tú eres como ahora te sientes.**

Hice una pausa buscando algún gesto, pero parecía completamente ajena al mundo que la rodeaba.

—Él te ayudará —añadí con un último susurro, mientras ponía la tarjeta de Daniel sobre una mesita que había a su lado.

Luego me levanté y salí de aquel lugar.

Yo no podía hacer nada más.

●●●

Caminé un buen rato de forma errática y pensativa, hasta que, finalmente, una sonrisa acudió a mis labios.

A pesar del oscuro mundo en el que estaba atrapada aquella pobre mujer, alguien muy especial estaba a punto de ayudarla a encontrar su propia luz. Sin duda, tras recibir las enseñanzas de Daniel Wheelock, llegaría a estar preparada para conocer la verdadera riqueza y construir una nueva vida.

De repente, el tintineo de unas llaves captó mi atención. Miré a mi alrededor y reconocí las familiares calles a las que había llegado casi sin darme cuenta. Un tipo vestido con traje y corbata se disponía a abrir la puerta principal de una sucursal bancaria y yo me detuve en seco frente a él.

Tardó unos segundos en reconocerme, como si no pudiera entender que yo fuera la misma persona que había despedido hacía un año. Luego, una sombra de preocupación tensó su rostro y supe que se preparaba para defenderse de cualquier acusación con la que yo pudiera atacarlo.

Pero en mí no había el menor rastro de rencor hacia aquella persona.

En aquellos tensos segundos durante los que ambos permanecimos en silencio, el uno frente al otro, yo solo podía pensar en la escasa probabilidad de que se produjera aquel encuentro... justo en aquel instante.

Finalmente, comprendí lo que estaba sucediendo en realidad.

—Que tengas un buen día —me despedí del enmudecido banquero con toda cordialidad.

Luego continué con mi camino, sonriendo ante aquella casualidad y sabiendo que mis pasos estaban siendo guiados hacia una nueva vida.

# EPÍLOGO

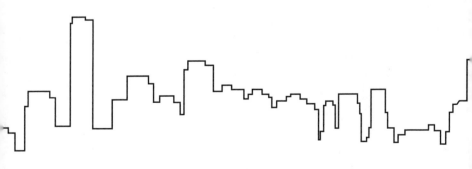

"**N**i en tus sueños hubieras imaginado que algún día serías tan inmensamente rico".

Pronuncio de nuevo aquellas palabras, mientras sigo mirando mi propio reflejo en el espejo del baño. El recuerdo de aquellos días en los que aprendí a alcanzar la riqueza ha cruzado mi mente, fugazmente, dejando a su paso una renovada sensación de satisfacción.

Oigo el sordo sonido de unos pies descalzos que se aproximan y unos brazos desnudos, cálidos, me abrazan por la espalda.

—Va a llegar usted tarde al trabajo, doctor Sanz —me susurra la mujer al oído.

La contemplo en el mismo reflejo enmarcado en

oro, junto a mi propio rostro. Ciertamente, mi vocación me espera. Yo le sonrío y cubro su mano con la mía.

Luego, Elisa se dirige hacia el gran ventanal del baño y lo abre de par en par. El sol despunta en el horizonte y una agradable brisa marina llena el lugar. Desde allí diviso parte del jardín que rodea nuestra casa. Más allá, un estrecho sendero se pierde entre árboles en dirección a la pequeña y solitaria playa donde suelo practicar mis ejercicios cada mañana.

De nuevo, pienso en el pasado.

No fue fácil admitir que ya no amaba a Sara, ni comprender que hacía demasiado tiempo que mi relación con ella tan solo se sostenía por el temor a la soledad, al cambio y a la opinión de los demás.

Tampoco fue fácil mi vuelta a la universidad, ni la decisión de volver a la India una vez finalizados mis estudios de Medicina.

Después de recibir las enseñanzas de Daniel me sentía una persona nueva y más capaz en muchos sentidos. Sin embargo, volver a mi pasado y afrontar todas aquellas decisiones constituyó el "gran problema final" del que ya me había advertido mi amigo y maestro. Todas aquellas dudas no eran más que la última resistencia hacia los cambios que anhelaba.

La última fase de mi crisis personal.

Poco después pude comprobar cómo todos y cada uno de mis sueños iban materializándose... uno a uno. **Mi vida empezó a transformarse en algo completamente nuevo y fascinante.** Al principio de un modo casi imperceptible, pero pronto a una velocidad vertiginosa que también tuve que aprender a asimilar.

He descubierto mi vocación y me he convertido en un prestigioso pediatra. Vivo en un lugar paradisíaco, junto a una mujer a la que amo profundamente, gano mucho más dinero del que realmente necesito, y disfruto de una vitalidad y una salud física que nunca había tenido.

Sin embargo, tras haber conseguido todo eso, ahora comprendo que solo mis cualidades constituyen la verdadera fuente de mi riqueza.

Vivimos en un mundo y una época en los que todavía no hemos aprendido a hacer pleno uso de nuestras capacidades. Pero en nuestra mano está empezar a aprender el mejor modo de manejar esas emociones que nos ciegan y que nos impiden sentir el enorme potencial que está disponible en nuestro interior.

En ocasiones, la vida nos arrebata dolorosamente aquello que más apreciamos, pero solo ocurre cuando estamos listos para lograr algo mejor. Cada dificultad, cada piedra en el camino, solo son valiosas oportunidades para seguir creciendo y volver a conectar con nuestro estado natural de satisfacción.

Todos podemos utilizar nuestra mente y nuestro cuerpo a pleno rendimiento, y manejar esa energía ilimitada que anida en nuestro interior. Las herramientas necesarias para lograrlo están a nuestra disposición y el momento de empezar dicho proceso de transformación, de preguntarnos si lo que hay en nuestra vida es lo que queremos o es lo que tememos cambiar, el momento de aproximarnos hacia esa nueva felicidad que todos merecemos... ese momento, siempre es **ahora.**

Elisa abre los brazos y respira profundamente el aire fresco de la mañana. Aquello me hace sonreír y aviva nuevos recuerdos. Mi mente trata de deslizarse de nuevo hacia el pasado, pero esta vez no lo permito y la afianzo al momento presente. Me acerco hasta el ventanal y contemplo junto a mi esposa el lugar donde ahora transcurre nuestra vida.

No sé qué nuevas experiencias me esperan, pero he aprendido que el único límite que existe es ese que nosotros creamos. Todos y cada uno de nosotros, cada ser humano sin excepción, puede convertirse en alguien maravilloso, en alguien extraordinario.

Y mientras contemplo cómo se alza el sol ante nosotros, una poderosa sensación destella en mi interior, dando forma a una sencilla creencia que, por unos segundos, colma toda mi mente: "Todos podemos llegar a ser 'los más ricos del mundo'".

# ¡TU OPINIÓN ES IMPORTANTE!

Escríbenos un e-mail a
**miopinion@vreditoras.com**
con el título de este libro en el "Asunto".

Conócenos mejor en:
**www.vreditoras.com**
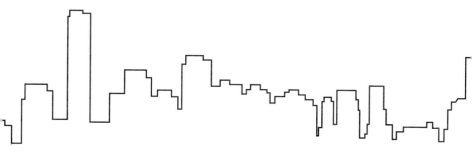 Facebook.com/vreditoras